La formación profesional
en el Mercosur

ADVERTENCIA

En portada: *Aristoflûte.* Instrumento musical, siglo XVII

María Carmen Ferreira

con la colaboración de

Sara Payssé

La formación profesional en el Mercosur

Oficina Internacional del Trabajo

CINTERFOR

FERREIRA, M.C.; PAYSSÉ, S.
La formación profesional en el MERCOSUR.
Montevideo : CINTERFOR, 2003.
189 p.   (Trazos de la Formación, 17)

Bibliografía: p.187-189
ISBN: 92-9088-152-6

/FORMACIÓN PROFESIONAL/   /DIÁLOGO SOCIAL/
/LEGISLACIÓN   DEL   TRABAJO/   /MERCOSUR/
/PUB CINTERFOR/

Las publicaciones de la OIT pueden obtenerse en las principales librerías o en oficinas locales de la OIT en muchos países o pidiéndolas a: Publicaciones de la OIT, Oficina Internacional del Trabajo, CH-1211 Ginebra 22, Suiza. También pueden solicitarse catálogos o listas de nuevas publicaciones a la dirección antes mencionada o por correo electrónico a: pubvente@ilo.org   Sitio en la red: www.ilo.org/publns

El Centro Interamericano de Investigación y Documentación sobre Formación Profesional (Cinterfor/OIT) es un servicio técnico de la OIT, establecido en 1964 con el fin de impulsar y coordinar los esfuerzos de las instituciones y organismos dedicados a la formación profesional en la región.

Las publicaciones del Centro pueden obtenerse en las oficinas locales de la OIT en muchos países o solicitándolas a Cinterfor/OIT, Casilla de correo 1761, E-mail: dirmvd@cinterfor.org.uy, Fax: 902 1305, Montevideo, Uruguay.

Sitio en la red: www.cinterfor.org.uy

Impreso en la República Oriental del Uruguay

ÍNDICE

PRESENTACIÓN

Todos los procesos de integración regional, aun cuando originalmente tuvieran objetivos más o menos limitados a lo comercial o económico, terminan desarrollando *una dimensión social,* salvo que no alcancen cierta maduración. A la vez, la formación profesional es, inevitablemente, parte fundamental –aunque por cierto no exclusiva– de la referida dimensión.

Estas hipótesis teóricas, que ya habían sido señaladas por la doctrina –incluidas algunas publicaciones de Cinterfor/OIT y de la autora–, han venido a ser confirmadas en el actual estado de desarrollo del Mercosur. En efecto, este espacio de integración regional no solamente ha ido construyendo un cierto conjunto de órganos y normas laborales, sino que además, se constata la presencia protagónica de la formación profesional en las actividades de esos órganos y en los contenidos de las referidas normas. Se trata, por cierto, de un proceso incipiente y por tanto, inconcluso, pero al mismo tiempo, existente y relevante. Véase si no: la formación profesional ocupa un lugar importante y bien formulado en el conjunto de derechos fundamentales proclamados en la Declaración Sociolaboral del Mercosur; fue objeto de uno de los primeros pronunciamientos de la Comisión Sociolaboral del Mercosur; este fue, además, recogido en una resolución del Consejo Mercado Común; este mismo órgano acaba de formalizar el Repertorio de Recomendaciones Prácticas sobre Formación profesional, elaborado tripartitamente en el seno del Subgrupo de Trabajo N° 10; la formación profesional es una de las materias tratadas en el primer –y por ahora único– convenio colectivo regional del Mercosur.

Por eso resulta oportuno relevar el estado actual de la cuestión y nada mejor, para ello, que el aporte de María Carmen Ferreira, quien fuera actora relevante e impulsora del proceso de desarrollo de la dimensión laboral del Mercosur, al cual suma su condición de docente e investigadora en la materia.

Este libro que Cinterfor/OIT se enorgullece en publicar, dedica sus primeros capítulos a describir el proceso de reconocimiento de la dimensión social del Mercosur, la estructura orgánica del mismo y las principales normas laborales aprobadas. Los capítulos siguientes analizan la presencia y el papel de la formación profesional en este bloque regional, las normas que específicamente tratan de la formación, así como los proyectos e iniciativas en curso en esta materia. Un capítulo independiente es dedicado al diálogo social sobre formación en el Mercosur y otro, final, ensaya una evaluación y formula conclusiones.

En esta última parte se señalan las debilidades y fortalezas del Mercosur en su conjunto y de su lado social, proponiéndose incluso las pautas para una futura agenda sociolaboral.

Pedro D. Weinberg
Director de Cinterfor/OIT

CAPÍTULO I

LA FORMACIÓN PROFESIONAL EN EL MERCOSUR

1. ANTECEDENTES

1.1. Antecedentes de la dimensión social de los procesos de integración

La segunda mitad del Siglo XX se caracteriza por una serie de fenómenos pautados por el desarrollo de las economías de los países centrales, una vez culminada la Segunda Guerra Mundial.

Este fortalecimiento económico llevó necesariamente a la búsqueda de nuevos mercados, a fin de colocar la producción nacional fuera de fronteras, en lo que se denomina un régimen de mercado abierto.

A fin de lograr estrategias comerciales que facilitaran el "impulso hacia afuera" se iniciaron procesos de integración regional de las economías nacionales tendientes a proteger la producción nacional y la circulación de la misma en condiciones más favorables dentro del territorio integrado.

Tal fue el origen de la actual Unión Europea, integrada a efectos de proteger comercialmente la producción del carbón y del acero.

En ese entonces, América Latina se encontraba aún inmersa en el sistema de economía cerrada, basada en la oferta de bienes y servicios de unos pocos Estados poderosos que fijaban sus propias reglas de juego, focalizadas básicamente hacia adentro de sus fronteras, lo que llevó a un proceso de industrialización sustitutiva de las importaciones y a una fuerte presencia estatal en la definición de políticas económicas, industriales y laborales.

Más avanzado el Siglo XX, se producen otra serie de fenómenos que, sumados a la ya incipiente apertura comercial de los mercados, define las relaciones económicas y de intercambio de bienes y servicios que pauta el sistema denominado "economía de mercado".

A partir de los años setenta se produce una fuerte caída de la productividad y una modificación sustancial en la organización del trabajo, donde hace crisis el modelo de producción taylorista fordista de la línea de montaje y adquieren relevancia sustancial los procesos productivos flexibles y descentralizados (el toyotismo), adoptados inicialmente en forma preponderante por las grandes empresas transnacionales.

Esta gran revolución de los métodos de producción y de organización del trabajo se ve apoyada por un salto tecnológico de gran entidad, determinado fundamentalmente por los avances de la informática y robótica y las innovaciones en materia de comunicaciones, circunstancias que han borrado imperceptiblemente las barreras de tiempo y distancia entre países y personas.

Todos estos aspectos confluyen en la generación del fenómeno de la globalización que implica una apertura mundial del mercado de bienes y servicios, una ampliación casi infinita de la disponibilidad de los factores de producción y una competencia implacable entre empresas y economías.

A los efectos de poder competir en el mundo globalizado que se comienza a desarrollar, los Estados nacionales deben modificar sus estrategias económicas, concretándose acuerdos de protección y preferencia comercial entre los países que, por pertenencia histórica o territorial, integran determinado espacio regional.

Este proceso de integración regional en bloques de países afines, ha sido un fenómeno mundial, impulsado por el GATT y la creación de la Organización Mundial de Comercio (OMC) en 1994, lo que llevó a fortalecer y consolidar la Unión Europea y a crear o modificar los procesos de integración de las Américas.

En América Latina y el Caribe se produce la transformación de la antigua Asociación Latinoamericana de Libre Comercio (ALALC), en Asociación Latinoamericana de Integración (ALADI) incluyendo entre sus integrantes a países de la región y del Caribe.

En el mismo sentido se crean diversos procesos de integración subregionales:

* El Tratado de Libre Comercio de América del Norte (TLCAN) firmado entre México, Estados Unidos y Canadá

* El Sistema de Integración Centroamericana (SICA) que sustituye a la antigua Organización de Estados Centroamericanos (ODECA) y que incluye, además de Centroamérica, a Panamá y Belice

* La Comunidad Andina, integrada a partir del Tratado de Cartagena con los países del preexistente Grupo Andino (Colombia, Chile, Ecuador, Perú y Venezuela)

- El Mercado Común del Sur (Mercosur) integrado por Argentina, Brasil, Paraguay y Uruguay, y en el que participan, aunque no como miembros titulares, Chile y Bolivia.

Luego de décadas de expansión y crecimiento comercial, la economía mundial ingresó en un período de crisis, donde los modelos políticos y económicos que hasta entonces producían resultados positivos, comienzan a decaer, lo que lleva a formular nuevas estrategias comerciales, a reordenar los bloques económicos existentes y a plantear nuevos agrupamientos supranacionales que implicarían –en principio– el incremento del comercio y el aprovechamiento de ventajas competitivas. No obstante, estos nuevos padrones de competitividad dependían fuertemente de los adelantos tecnológicos, del conocimiento y de la información, lo que implicaba un difícil posicionamiento para los países con escasa o tardía industrialización y una economía basada en la explotación de los recursos naturales y en la mano de obra barata.

Es así que se producen cambios en la forma y contenidos del empleo, que incluye la adaptabilidad a las demandas del mercado, tanto de productos y procesos, como de las personas que los realizan; y en este último caso, la división de los trabajadores entre organizadores o creadores y ejecutores, y la necesidad de adquirir destrezas polivalentes para mantenerse dentro del mundo del trabajo.

Todos estos aspectos relacionados con la producción, la mano de obra y la modificación de sus perfiles de cualificación, inciden grandemente en los procesos de integración; que si bien originalmente centrados en los aspectos económicos y comerciales, han debido permearse frente a estas realidades e introducir dentro de sus objetivos –tarde o temprano– el aspecto social, y fundamentalmente la cuestión laboral.

Esta necesidad de incluir la visión o la dimensión social en los procesos de integración se funda entonces en diversas causas:

- La modificación de los procesos y relaciones de producción y de trabajo

- El impacto en la circulación de bienes y servicios

- La consolidación de la sociedad del conocimiento

- La influencia de las empresas transnacionales

Todos estos elementos han llevado a que dentro de los procesos de integración, se crearan espacios donde se definen y desarrollan las cuestiones sociales, fundamentalmente aquellas relacionadas con el mundo laboral.

1.2. Impactos de la integración en las realidades nacionales

Las nuevas reglas del contexto mundial y de los procesos de integración, fueron produciendo múltiples cambios, creando problemas y beneficios en todas las áreas que hacen a la sociedad en su conjunto: laborales, culturales, políticas, sociales, productivas.

La apertura a la competencia internacional y regional provocó, sin lugar a dudas, importantes efectos laborales.

En primer lugar, cambia la composición del empleo, aumentando la fuerza de trabajo en determinados sectores productivos exportadores y productores de bienes competitivos con las importaciones, pero afectando simultáneamente a varios sectores productores de bienes transables debido a su exposición a las nuevas condiciones de competencia.

En segundo lugar, cambian las condiciones que prevalecían en economías hasta ese momento protegidas de la competencia internacional, reduciendo las instancias del Estado para intervenir y regular el mercado de trabajo y determinando cambios importantes en las relaciones laborales y en las estrategias empresariales y sindicales.

Esas transformaciones, sumadas a los cambios de los roles tradicionales del Estado, que se dieron en mayor o menor grado en todos los países, impactaron los mercados de trabajo, dándole características que suponen nuevos y complejos desafíos en materia de políticas laborales.

Así:

- amplios sectores económicos debieron enfrentar procesos de reconversión masiva;

- disminuyeron en general los empleos del sector industrial con importante pero insuficiente absorción de mano de obra por el comercio y especialmente por el sector servicios;

- aparecieron formas atípicas de contratación relacionadas con el trabajo, con crecimiento de trabajadores independientes, subcontratados, temporales, etcétera;

- en sectores y empresas competitivas se introdujeron nuevas tecnologías que destruyen empleos, crean otros, pero inevitablemente transforman el modo de ejercerlos y las calificaciones exigidas.

Todos estos fenómenos han modificado sustancialmente las competencias requeridas para ingresar al mercado de trabajo, para mantenerse en él y para acceder a empleos de buena calidad, aumentando el desempleo estructural originado en calificaciones insuficientes o inadecuadas frente a las exigencias de los sectores productivos.

Este conjunto de impactos, repercusiones y de problemas sociales desencadenados o intensificados por la integración regional dan origen a lo que se ha dado en denominar la "dimensión social" de la integración.

Dichas repercusiones determinan la necesidad de crear instituciones que las atiendan y que desarrollen determinadas actividades para disminuir los efectos negativos que se van generando, solucionar los problemas nuevos a medida que van apareciendo, fomentar y potenciar los aspectos e impactos positivos y, en definitiva, afianzar el proceso iniciado mediante la necesaria profundización de la integración en todos los ámbitos.

A medida que el proceso de integración se consolida y avanza, esa ineludible dimensión social de la integración a su vez determina la necesidad de ir dotando al proceso de integración de una institucionalidad cada vez más compleja, con órganos especializados en la materia, de carácter técnico algunos y de impulso político otros, donde además sean oídos, participen e interactúen, todos esos actores del mundo laboral.

Esa nueva institucionalidad que se va creando genera a su vez instrumentos diversos, normas, prácticas, nuevas relaciones y estrategias de los interlocutores sociales que actúan en dicha dimensión y que componen el "Espacio social de la integración".

1.3. El rol de la formación profesional en los procesos de integración

En el escenario de las relaciones comerciales globalizadas y en un entorno de mercado integrado, se revaloriza entonces –en aras de la competitividad– el papel del conocimiento frente a los recursos naturales y la mano de obra no calificada.

Este conocimiento, que se dirige especialmente hacia la inserción laboral de quienes lo detentan, es el inicio de la formación profesional, como herramienta básica para mantener, transformar y mejorar la calificación para el trabajo.

El objetivo de formar para el trabajo, visto como una necesidad para el mantenimiento de la competitividad, fue asumido tanto por los bloques integrados como por los países integrantes y los empleadores de estos, y asimismo fue incorporado a la visión del mejoramiento de las condiciones de empleo por los trabajadores y sus entidades representativas.

Es así que la formación profesional preexiste a la dimensión social de la integración, dado que su relevancia fue puesta de manifiesto previamente, al modificarse los procesos de producción.

La Organización Internacional del Trabajo (OIT) ha tenido también un papel relevante en el desarrollo del concepto de formación profesional como herramienta de mejoramiento de las destrezas laborales. Ya en el Preámbulo de la Constitución de la OIT, integrante del Tratado de Versalles de 1919, se establece – entre las condiciones de trabajo a mejorar– "la organización de la enseñanza profesional y técnica", esto es, el derecho a la formación profesional. Posteriormente, en 1944, la Declaración de Filadelfia, relativa a los fines y objetivos de la OIT, asume la obligación, en todas las naciones del mundo, de fomentar y garantizar – entre otros muchos aspectos de las relaciones laborales– "iguales oportunidades educativas y profesionales".

El derecho a la formación profesional fue definitivamente consolidado en la Declaración Universal de los Derechos Humanos de 1948 como manifestación del derecho a la educación, y en el Pacto Internacional de Derechos Económicos, Sociales y Culturales de 1966, donde se establece que la orientación y la formación profesional integran las medidas para la consecución del derecho al trabajo.

Instrumentos internacionales posteriores retoman el derecho a la formación profesional como herramienta para la eliminación de las discriminaciones de grupos laborales con dificultades específicas; y la propia Conferencia Internacional del Trabajo adopta una serie de Convenios y Recomendaciones relativas al señalado derecho, entre las que descollan los Convenios Internacionales de Trabajo N°s 140 sobre licencia pagada de estudios (1974), 142 sobre Desarrollo de los Recursos Humanos (1975) y la Recomendación N° 150.

Asimismo, instrumentos del sistema de la Organización de Estados Americanos (OEA) como el Protocolo de San Salvador de 1988, incorporan también el derecho a la formación profesional como aspecto indisolublemente ligado al derecho al trabajo en condiciones de dignidad.

Si bien las Constituciones de los países van recogiendo paulatinamente el derecho a la educación para el trabajo, es su incorporación a los instrumentos de los procesos de integración regional que le otorgan una importancia preponderante.

Fue obviamente la Unión Europea quien inició este proceso de reconocimiento y consolidación de la formación profesional como parte del espacio social de la integración.

Si bien el Tratado de Roma, fundacional de la hoy Unión Europea (1957), sólo hacía mención a la formación profesional como campo a desarrollar, ya en

1986 se producen las primeras directivas sobre reconocimiento de títulos y diplomas de nivel superior, así como decisiones ministeriales de establecer correspondencia de calificaciones de formación profesional a nivel de obrero o trabajador calificado (1985).

Posteriormente el Tratado de la Unión o de Maastricht (1993) establece como uno de sus objetivos el desarrollo de una educación de calidad y de una política de formación profesional complementaria de la de los Estados integrantes. Los Ministros del ramo complementaron tales directivas y concretaron varios programas de acción: "Sócrates", para la educación; "Leonardo" para la formación profesional; y "Erasmus" para la formación universitaria en otro país.

En 1996 el Libro Blanco de la Comisión Europea establece el carácter permanente de la formación profesional y concomitantemente se consolida el rol del tripartismo en los procesos de dicha formación.

En 1998 el Tratado de Amsterdam institucionaliza la política social y dentro de esta la atinente a la formación profesional, integrándose las políticas nacionales de empleo.

En América Central, el Sistema de Integración Centroamericana (SICA), creado en 1991 sobre la base de la Organización de Estados Centroamericanos (ODECA) incluye, además de a las originales Guatemala, Honduras, El Salvador, Nicaragua y Costa Rica, a Panamá, Belice y República Dominicana.

Si bien el Protocolo de Tegucigalpa, fundacional del proceso de integración, no menciona a la formación profesional, de hecho es uno de los medios necesarios para superar los factores estructurales de la pobreza, objetivo final del proceso centroamericano de integración. Por su parte, el Protocolo de Guatemala es más explícito en lo que se refiere a la promoción de la formación de los recursos humanos, para mejorar la productividad. Si bien las políticas y acuerdos sobre formación profesional están aún en gestación, especialmente en los proyectos de Carta Social, en 1995 se instrumenta, a partir de la XVI Cumbre Presidencial, el "Programa de acciones inmediatas derivadas de la Declaración de El Salvador II para la inversión en capital humano"; siendo una de sus líneas de acción la formación técnica y profesional de hombres y mujeres, a fin de incorporarlos al proceso productivo.

La formación profesional, también en este proceso de integración, se desarrolla mediante la definición de políticas y acciones en las que participan tripartitamente los sectores sociales, fundamentalmente a través de un Comité consultivo integrado por los sectores empresarial, laboral, académico y "otras fuerzas vivas".

El proceso de integración de la Comunidad Andina se inicia con el Acuerdo de Cartagena de 1969 que suscriben Colombia, Chile, Ecuador, Perú y Venezuela. Dentro del marco de dicho Acuerdo, y luego de una reunión de los Ministros de Trabajo de dichos países, a fin de lograr una política sociolaboral tendiente al desarrollo y la integración y en la cual participaran trabajadores y empleadores, se concreta el Convenio "Simón Rodríguez" (1973); instrumento inicial de la integración sociolaboral de los países andinos y dentro del cual se considera a la formación profesional como una de las prioridades de la armonización de políticas de la región.

Si bien en la década del setenta se produjeron avances sustanciales, fundamentalmente ligados a las calificaciones profesionales en el marco de los instrumentos de migración laboral, en 1983 se paralizó el Convenio, volviendo a operar luego de la aprobación del Protocolo modificatorio de la integración subregional (Acta de Trujillo, 1996) reactivándose las reuniones, principalmente a partir de 1999.

En los años 1999 y 2000 se comenzó a trabajar en una serie de propuestas para el desarrollo de una política de formación profesional en la Comunidad Andina que incluyen, entre otros, acuerdos respecto a la adopción de conceptos y terminología común respecto a formación y capacitación profesional, diagnóstico de los sistemas de formación profesional de los países de la región, estudios sobre el mercado laboral, análisis comparativo de las legislaciones de formación profesional de los países de la Comunidad, etcétera.

La integración económica regional de América del Norte se puso en movimiento en 1994, con la suscripción del Tratado de Libre Comercio de América del Norte (TLCAN) en setiembre de 1993, firmado entre Méjico, Estados Unidos y Canadá. Uno de los dos acuerdos complementarios del instrumento fundacional de integración fue el Acuerdo de Cooperación Laboral de América del Norte (ACLAN), en el cual se vinculan los aspectos laborales con un tratado de libre comercio.

El Acuerdo se establece sobre la base de unos objetivos entre los que se destaca el mejoramiento de las condiciones de trabajo y de los niveles de vida, la promoción de los principios laborales y de la innovación a fin de mejorar la productividad y la calidad. Si bien la formación profesional se prevé como una de las actividades objeto de cooperación entre los países integrados, se han logrado escasos avances, siendo más relevantes los programas y acciones llevados a cabo por cada país en forma individual.

En cuanto al Mercado Común del Sur (Mercosur) –del que se expondrá más detalladamente en el ítem posterior– cabe señalar, que si bien su Tratado fundacional (Tratado de Asunción de 1991) no refiere expresamente al tema de la formación profesional, su tratamiento fue promovido especialmente por el Grupo Mercado Común en sus primeras reuniones, e incluido específicamente como una de las áreas de incumbencia del Subgrupo de Trabajo N° 11, de "Asuntos Laborales, Empleo y Seguridad Social".

De todos estos procesos de integración relevados, podemos inferir que la formación profesional es uno de los temas priorizados, tanto desde el punto de vista de la competitividad y la productividad como desde el punto de vista de la existencia de un derecho de los trabajadores a recibir en forma permanente, capacitación para insertarse laboralmente o mantener su puesto de trabajo.

En este último sentido, el derecho a la formación profesional permanente ha sido reconocido e institucionalizado dentro del sistema de los derechos humanos fundamentales a través de las normas internacionales universales, regionales o comunitarias que refieren a los derechos sociales y laborales, y ha sido asimismo redimensionado en su calidad de instrumento para mejorar el nivel de competitividad de los mercados regionales en un escenario globalizado de alta tecnificación y exigencia.

Esa revalorización de la formación profesional impacta fuertemente en las economías centrales y en las periféricas, aunque obviamente de distinta manera. Para unos implica el mejoramiento de las condiciones de trabajo, la disminución de la jornada laboral, la apertura de un diálogo entre los actores sociales bajo otros términos. Para los países periféricos, implica la eliminación de los puestos de trabajo no calificados, la precariedad del empleo y muchas veces, la constatación de que una mayor y mejor educación no implica un mejor empleo. Es en estos últimos casos fundamentalmente, donde el diálogo tripartito debió profundizarse para buscar soluciones a las disyuntivas provocadas por la sociedad del conocimiento y el derecho a educarse y formarse para el trabajo.

Es entonces el tripartismo una de las claves para el desarrollo de las capacidades productivas, las relaciones laborales y los procesos de integración desde una perspectiva o dimensión de lo social.

2. LA INTEGRACIÓN REGIONAL EN EL CONO SUR: EL MERCOSUR

2.1. El Tratado de Asunción

La creación del Mercado Común del Sur (Mercosur) integrado por Argentina, Brasil, Paraguay y Uruguay como miembros plenos –y actualmente Bolivia y Chile como miembros asociados– ha sido uno de los eventos más significativos de los últimos años en América Latina. En él se concentran importantes fuerzas productivas y sociales con un grado relevante de actividad económica e intercambio comercial, un considerable desarrollo industrial, concentración de población y mercados de trabajo relativamente dinámicos.

Con la firma del Tratado de Asunción, en marzo de 1991, los cuatro países signatarios asumieron el compromiso de constituir un Mercado Común que debería estar conformado al 31 de diciembre de 1994.

Este Tratado –en lo esencial un Tratado marco– da inicio al proceso gradual de conformación y consolidación de un mercado común; establece las bases para la etapa de transición que regiría desde su entrada en vigencia y hasta el 31 de diciembre de 1994, cuando se acordaría su estructura institucional definitiva, las atribuciones de sus órganos y su sistema de adopción de decisiones.

El Tratado se abocó a los aspectos específicamente económicos y comerciales de la integración, y para ese período de transición estableció como objetivos generales a cumplir:

- La eliminación progresiva, lineal y automática de los derechos aduaneros y restricciones no arancelarias que gravaran el comercio intrarregional.

- El establecimiento de un arancel externo común para el comercio con los terceros países, que incentivara la competitividad externa de los Estados Parte, así como la adopción de una política internacional común con relación a terceros países o agrupaciones de Estados.

- La implantación de la libre circulación de bienes, servicios y factores productivos entre los países.

- La coordinación de políticas macroeconómicas y sectoriales entre los Estados Parte: en materia de comercio exterior, agrícola, industrial, fiscal, monetaria, cambiaria y de capitales, de servicios, aduanera, de transporte y comunicaciones y otras que aseguren condiciones adecuadas de competencia.

- La armonización de sus legislaciones en las áreas pertinentes para lograr el fortalecimiento del proceso de integración.

Para dar cumplimiento a esos objetivos el documento fundacional estableció una estructura orgánica provisoria que dejó la administración y ejecución del Tratado y de los acuerdos y resoluciones específicas que se adoptaran en su marco jurídico, a cargo de dos órganos de carácter intergubernamental: el *Consejo Mercado Común* y el *Grupo Mercado Común*, que actuarían por consenso y con la presencia de todos los Estados Parte.

Asimismo el Tratado comete al Grupo Mercado Común, con plazo de treinta días, la instalación de diez *Subgrupos de Trabajo*, a efectos de coordinar las políticas económicas y sectoriales.

Dentro de los Subgrupos establecidos expresamente por el Anexo V del Tratado de Asunción no se previó ninguno que abarcara el área laboral.

El Tratado fundacional no contiene casi referencias a objetivos sociales ni hace alusión a temas laborales, salvo una mención accesoria al empleo, en el Anexo referido a las cláusulas de salvaguardias a regir durante el primer período de transición.

Las menciones del Tratado sobre objetivos sociales son en principio insuficientes, especialmente si se lo compara con los Tratados fundacionales de la actual Unión Europea; pero una lectura más profunda demuestra que el punto no pasó inadvertido para los negociadores y si bien el Tratado como "acuerdo marco" prioriza el desarrollo de los contenidos comerciales y económicos, subyacen objetivos últimos que trascienden lo económico.

Es así que el Preámbulo del Tratado de Asunción, de importancia relevante al momento de interpretar el mismo, da pautas rectoras sobre las que se sustentan los objetivos y los fines del acuerdo, señalando como fines últimos del proceso de integración iniciado "acelerar sus procesos de desarrollo económico con justicia social", "mejorar las condiciones de vida de sus habitantes" y "lograr una unión más estrecha entre sus pueblos".

2.2. La acción de los Ministros de Trabajo

La falta de referencias específicas al campo social y la carencia de previsiones referidas a políticas sociales y laborales, así como de órganos especializados en estas áreas en el Tratado de Asunción, no fue obstáculo para que un área de tal envergadura fuera prestamente incorporada a la agenda de negociaciones.

Es así que apenas transcurridos dos meses de la firma del Tratado de Asunción, los Ministros de Trabajo de los cuatro países, reunidos en Montevideo el 8 de mayo de 1991 suscribieron una Declaración de particular trascendencia, que fue el impulso para el desarrollo futuro de la dimensión sociolaboral del Mercosur.

En lo sustancial, la Declaración de los Ministros de Trabajo establece que es necesario:

I.   Atender los aspectos laborales y sociales del Mercosur para asegurar que el proceso de integración implique un efectivo mejoramiento en las condiciones de trabajo en los cuatro países.

II. Promover la creación de subgrupos de trabajo con el cometido de avanzar en el estudio de las materias vinculadas a sus carteras.

III. Estudiar la posibilidad de suscribir un documento que incorpore las ineludibles cuestiones laborales y sociales que traerá consigo la puesta en marcha del Mercado Común del Sur.

IV. Mejorar el conocimiento recíproco de los regímenes propios vinculados al empleo, seguridad social, formación profesional y relaciones individuales y colectivas de trabajo, comprometiéndose recíprocamente a prestar toda la cooperación necesaria a tales fines.

2.3. Los impactos de la integración sobre lo social en el Mercosur

El inicio del proceso, signado por el objetivo de crear un bloque regional abierto al mundo, implicó, por un lado, la liberalización del comercio intrarregional, con una caída lineal, automática y progresiva de los aranceles aduaneros entre los cuatro países del Mercosur y la eliminación de las barreras no arancelarias del comercio regional; y por otro lado, la implementación progresiva de un arancel externo común bajo, a efectos de incentivar la competitividad externa del bloque.

Conjuntamente a la apertura comercial originada con el proceso de integración del Mercosur se fueron desarrollando cambios trascendentes en el contexto mundial.

A los impactos de la integración comercial previstos, se le agregaron otros que eran consecuencias de una serie de fenómenos multifacéticos y decisiones que se habían dado en otros ámbitos y que habían producidos cambios revolucionarios en la década del noventa, incidiendo también en la sociedad en su conjunto.

Así la apertura de los mercados no se dio exclusivamente como consecuencia del proceso de integración, sino que hubo una decisión previa, deliberada y unilateral de los países del Mercosur y del mundo en general.

Los países del Cono Sur de América habían ratificado su incorporación a la nueva Organización Mundial del Comercio y se habían comprometido a establecer un comercio más libre, con menos barreras y con un más fácil acceso a sus mercados.

Generalmente las políticas de apertura se acompañaron con medidas de ajuste macroeconómico que tuvieron un efecto recesivo en la actividad y el empleo.

La necesidad de competir eficientemente no surgió exclusivamente del proceso de integración, sino que derivó de la globalización de la economía y del mercado.

El Mercosur nace en ese complejo contexto en el cual se superponen fenómenos sociales, económicos y políticos originados tanto en la globalización, como en los espacios nacionales y en los propios espacios integrados. En ese panorama dinámico de escenarios diferentes, simultáneos y yuxtapuestos, ocurren grandes cambios originados en una realidad donde conviven además, procesos contradictorios de globalización y regionalización, de fragmentación e integración, de liberalización y proteccionismo, donde los intereses no siempre son coincidentes y se vuelve difícil proyectar una imagen coherente de los objetivos que se persiguen en el terreno de la integración.

La realidad ineludible y compleja de la globalización impregna los procesos de integración, haciendo inviable una posición de aislamiento y determinando la necesidad o conveniencia de diseñar estrategias que permitieran la inserción más favorable de la región en el mundo global.

En ese mundo global el progreso es desigual e insatisfactorio y los sistemas económicos, librados exclusivamente a su propio funcionamiento, generan oportunidades para algunos países y regiones, y para otros no, así como desigualdades en cuanto al acceso y los beneficios dentro de cada país.

Resultaba urgente e imprescindible entonces, el fortalecimiento de la capacidad regional de promover objetivos sociales conjuntamente a los objetivos económicos, ya que si bien el crecimiento es necesario, este no es suficiente para redistribuir sus beneficios en forma equilibrada.

El Mercosur, iniciado con claros y exclusivos objetivos económicos, que tendían a incrementar las relaciones comerciales recíprocas entre los países integrantes y a fortalecer la región en sus relaciones con los terceros países, prontamente se vio desbordado por la realidad y rápidamente el proceso produjo efectos en todas las áreas sociales.

Esa inevitable interacción entre la integración económico comercial y lo social, determinó en el Mercosur la temprana preocupación de los gobiernos, empresas y trabajadores por minimizar los efectos nocivos o negativos de la primera sobre lo social y lo laboral, a través de la creación de instancias institucionales de diálogo, de carácter tripartito, donde los sectores sociales y los gobiernos de los cuatro países firmantes del Tratado plantearan sus problemas, diseñaran estrategias conjuntas, y en definitiva, buscaran soluciones viables para las situaciones que se iban sucediendo.

3. LA FORMACIÓN PROFESIONAL EN EL MERCOSUR

3.1. Fundamentos del papel de la formación profesional en la integración regional del Mercosur

Si bien como se señalara, el aspecto laboral de la integración regional del Mercosur no fue incorporado en el Tratado fundacional, en el tema de la formación profesional existió –desde el comienzo de la integración– una convergencia de intereses regionales, nacionales y sectoriales, motivo por el cual ha sido siempre un tema clave en la agenda de negociaciones del Mercosur.

Es de interés para la región, porque el crecimiento, la restauración de la competitividad y la unión de los países para una mejor proyección de sus productos en el mercado mundial, le exigen apostar a ventajas comparativas adquiridas en las que el elemento gravitante es el conocimiento, la información y la organización; la incorporación deliberada del progreso técnico y el aumento del valor agregado de tipo intelectual. Por consiguiente, la política de recursos humanos ha debido unirse inexorablemente a las políticas económicas y comerciales.

Es de interés para los países y sus gobiernos, porque en una época de mantenimiento o de crecimiento sostenido de los niveles de desempleo, la formación profesional es un instrumento fundamental de las políticas activas de empleo y un factor indispensable para dar respuesta a las nuevas demandas y requerimientos del mercado de trabajo. La formación profesional, junto con la educación, es un elemento básico conformador de una sociedad democrática e integrada y promueve el desarrollo económico, la inclusión social y el crecimiento con equidad.

Es de interés para el sector empresarial, por el singular protagonismo de la formación profesional en el mantenimiento de posiciones competitivas a largo plazo y como elemento clave para facilitar su adaptación a los cambios estructurales y tecnológicos que debe enfrentar. La calificación de los recursos humanos se ha convertido en un factor esencial e imprescindible para obtener el involucramiento de los trabajadores en la gestión de la empresa, otorgándoles perspectivas de estabilidad en su empleo y permitiendo o fomentando un relacionamiento basado en la cooperación antes que en la confrontación, generando mejoras de productividad e iniciativas innovadoras en las áreas de la tecnología y la organización.

Por último, para los trabajadores es una herramienta fundamental para el acceso al empleo y la promoción profesional, facilitando el ejercicio efectivo del derecho al trabajo, mejorando sus condiciones de empleabilidad y permitiendo la mejora de sus condiciones de trabajo. Es además un instrumento para la promoción de la igualdad de oportunidades, y dirigida hacia los sectores más vulnerables y marginados, es una adecuada herramienta para atacar algunas de las causas de exclusión social.

Estas consideraciones llevan al convencimiento de que la formación profesional deba ser uno de los núcleos imprescindibles de las políticas y acuerdos que se concreten en el ámbito nacional y regional entre los gobiernos y los actores sociales.

3.2. Tendencias de la formación profesional en la región

La necesidad de conciliar los imperativos de crecimiento económico y de justicia y equidad social en un contexto de globalización, liberalización de los mercados, innovación tecnológica y modificación de los sistemas comerciales y productivos, ha ubicado a la educación y a la formación profesional como elementos claves para dar respuestas a los desafíos de la competitividad de las empresas, países y regiones.

La formación profesional ha revalorizado su función educativa y de realización y desarrollo de los individuos, adicionándole una función económica que refiere a la necesidad de toda sociedad de contar con trabajadores aptos para mantener e incrementar su desarrollo económico y satisfacer las necesidades del sistema productivo. Asimismo, en la órbita de las empresas se ha revalorizado el interés por contar con mano de obra calificada, y desde la óptica de las personas que intentan acceder o reingresar a un puesto de trabajo, se considera a la formación profesional una herramienta de apoyo que facilita la inserción y reinserción en el mercado de trabajo.

Ello ha determinado una retroalimentación de las mutuas incidencias entre la formación profesional y el mundo del trabajo y viceversa, transformándose en uno de los ejes ineludibles de las políticas laborales actuales y de las competencias de las administraciones de trabajo de toda la región.

El objetivo de formar para el trabajo, visto como una necesidad para el mantenimiento de la competitividad, se consolida al producirse la modificación de los procesos de producción, y al avanzarse en la llamada "sociedad del conocimiento", preexistiendo, por tanto, a la dimensión social de la integración en el Mercosur.

No obstante, esa concepción de la formación profesional acuñada como la opción consensuada para aumentar la competitividad en base a la calificación de las personas involucradas en la producción, ha seguido enriqueciéndose y ha dado paso a una *concepción multidimensional* con tres enfoques complementarios:

a)   como derecho humano fundamental, y por ende generador de la obligación del Estado de formular políticas al respecto;

b)   como factor de desarrollo económico basado en la competitividad y componente de los políticas activas de empleo; y

c)   como promotora del trabajo decente, requisito y componente a la vez de ese concepto.

Si bien ya se han mencionado las dos primeras dimensiones de la formación profesional –como factor de desarrollo económico y como derecho de los trabajadores reconocido e institucionalizado en el sistema de los derechos humanos fundamentales a través de los instrumentos internacionales, regionales y subregionales y de las Constituciones nacionales, integrando por tanto el patrimonio de la humanidad–, corresponde detenerse en el concepto de trabajo decente, acuñado por la OIT, a fin de analizar las disposiciones, recomendaciones y productos del Mercosur sociolaboral desde esta triple perspectiva.

La OIT utilizó la expresión "trabajo decente" como una concepción integral del paradigma del trabajo, en la Memoria del Director General a la Conferencia Internacional del Trabajo de 1999, considerándolo como un trabajo productivo, en condiciones de libertad, equidad, seguridad y dignidad, con garantía de los derechos, protección social y adecuada remuneración.

Este concepto, altamente ético, dinámico e integrador, fue incorporando otros caracteres, que se desarrollan claramente en la "Resolución sobre el desarrollo de recursos humanos", formulada en la 88ª Conferencia Internacional de Trabajo del año 2000; y que pueden resumirse conceptualizando al trabajo decente como un *trabajo productivo y seguro, con respeto a los derechos laborales, con ingresos adecuados, con protección social y con diálogo social, libertad sindical, negociación colectiva y participación.*

Bajo este triple enfoque, se encuadrará el tratamiento de la formación profesional en el Mercosur, y se desarrollará el análisis de las disposiciones, recomendaciones y otras actividades o producciones de las que fue objeto la formación profesional en este proceso de integración regional.

CAPÍTULO II

LA ESTRUCTURA INSTITUCIONAL DEL MERCOSUR

1. ESQUEMA ORGÁNICO DEL MERCOSUR

A medida que se fue consolidando el proceso de integración regional del Mercosur, su estructura orgánica fue evolucionando y haciéndose más compleja, de forma de tener órganos de impulso político y de carácter técnico que pudieran dar respuestas a los avances que se requerían en las diferentes áreas a integrar.

En esa estructura hoy se incluye una cantidad importante de órganos, con diferentes jerarquías, naturaleza y competencias.

En el actual organigrama existen seis *órganos principales* establecidos en los Tratados fundacionales del Mercosur y por ende de carácter permanente, y una serie de *órganos auxiliares* que dependen de los primeros, a quienes elevan sus propuestas o recomendaciones. Estos órganos auxiliares se han creado a instancias de los órganos principales y a fin de ejecutar los objetivos del proceso de integración, siendo por tanto su permanencia eventual y dependiente del mantenimiento de los fines para los que fueron creados.

2. LOS ÓRGANOS PRINCIPALES DEL MERCOSUR

Dentro de la estructura institucional del Mercosur solo tres de sus órganos principales: el *Consejo Mercado Común*, el *Grupo Mercado Común* y la *Comisión de Comercio del Mercosur* tienen capacidad decisoria, siendo todos ellos de naturaleza intergubernamental, esto es, integrados exclusivamente por los representantes gubernamentales de los Estados Parte del Tratado y que responden, por tanto, a los mandatos de dichos gobiernos, lo que implica la ausencia de supranacionalidad, tanto en los órganos como en las decisiones que emanen de los mismos.

La *Comisión Parlamentaria Conjunta* y el *Foro Consultivo Económico y Social*, no emiten pronunciamientos vinculantes, sino que tiene facultades estrictamente consultivas y de propuesta, y la *Secretaría Administrativa del Mercosur* hasta la fecha ejerce funciones de carácter meramente administrativo.

Generalmente se ha señalado la existencia de un déficit participativo en el Mercosur, dado que los órganos principales donde están representados los ciudadanos y los sectores sociales tienen carácter meramente consultivo y sus propuestas y recomendaciones deben ser elevadas y aprobadas por las instancias decisorias del Mercosur para tener carácter obligatorio.

2.1. Consejo Mercado Común (CMC)

Es el órgano superior del Mercosur y tiene a su cargo la toma de decisiones y la conducción política del proceso de integración.

Está integrado por los Ministros de Relaciones Exteriores y por los Ministros de Economía o sus equivalentes, y por lo menos una vez por semestre debe sesionar con la presencia de los Jefes de Estado de los cuatro países miembros.

La Presidencia se ejerce en orden alfabético, por rotación de los Estados cada seis meses.

El Consejo se manifiesta mediante **Decisiones** que deben ser adoptadas por consenso y que son obligatorias para los Estados Parte, y a partir del año 2002 mediante **Recomendaciones** que no tienen carácter vinculante y se dictan con el objetivo de establecer orientaciones generales, planes de acción o incentivar iniciativas que contribuyan a la consolidación del proceso de integración (Decisión Nº 19/02).

2.2. Grupo Mercado Común (GMC)

El Grupo Mercado Común es el órgano ejecutivo del Mercosur, con facultades de iniciativa y quien debe proponer las medidas necesarias para la administración del proceso de integración y para dar cumplimiento a las decisiones adoptadas por el CMC.

Se integra con cuatro miembros titulares y cuatro alternos por país, designados por los respectivos Gobiernos, entre los cuales deben estar obligatoriamente representantes de los Ministerios de Relaciones Exteriores, de los Ministerios de Economía o equivalentes y de los Banco Centrales; y cuando se estime necesario podrá convocarse, además, a otros órganos de la Administración Pública o de la propia estructura institucional del Mercosur.

El GMC se pronuncia mediante **Resoluciones**, que serán obligatorias para los Estados Parte.

2.3. Comisión de Comercio del Mercosur (CCM)

Es también un órgano de naturaleza intergubernamental al cual compete velar por la aplicación de los instrumentos de política comercial común acordados, así como efectuar el seguimiento y revisión de las materias relacionadas con las políticas comerciales comunes, con el comercio intra Mercosur y con terceros países.

Se integra por cuatro miembros titulares y cuatro alternos por cada Estado Parte, que son coordinados por los Ministerios de Relaciones Exteriores. Se reúne por lo menos una vez al mes o siempre que lo solicite el GMC.

La CCM se pronuncia a través de **Directivas** y **Propuestas**. Las primeras son obligatorias y las segundas son simples proyectos e iniciativas que se elevan a la consideración del GMC.

Por último cabe destacar que la CCM tiene la particularidad única, en relación a los demás órganos del Mercosur, de poder sesionar con la **presencia de tres Estados Parte**. Así lo faculta su Reglamento Interno, aunque esto en nada afecta la norma general del consenso para la toma de decisiones.

2.4. Comisión Parlamentaria Conjunta (CPC)

Es el órgano representativo de los Parlamentos de los Estados, siendo de carácter consultivo deliberativo y de formulación de propuestas, con el cometido de colaborar y acelerar la armonización de legislaciones y los procedimientos internos necesarios para la pronta entrada en vigor de las normas emanadas del Mercosur.

Se integra con sesenta y cuatro miembros, dieciséis por país, designados por los respectivos Parlamentos Nacionales.

No tiene potestades decisorias emitiendo **Recomendaciones** que son elevadas directamente al CMC.

2.5. Foro Consultivo Económico y Social (FCES)

Es el órgano de representación de los sectores económicos y sociales, donde no participan los gobiernos.

Está integrado por representaciones paritarias de las organizaciones de empleadores y trabajadores y por un tercer sector donde tienen voz otras categorías diversas, como cooperativas, medios de comunicación social, cultura, educación y ciencia, profesiones liberales, consumidores, medioambientalistas, micro, pequeñas y medianas empresas, etcétera. Este tercer sector está integrado en cada país por distintos grupos de interés dependiendo de la relevancia y representatividad de los mismos.

Tiene funciones consultivas y se manifiesta mediante **Recomendaciones**, que se elevan al GMC.

Es la única institución específicamente social prevista en la estructura orgánica del Mercosur.

Conforme a su Reglamento se integra por las respectivas Secciones Nacionales, que tendrán autonomía organizativa, pudiendo definir qué sectores las componen, exigiéndose que las organizaciones que expresen a los sectores privados sean las más representativas y sean de ámbito nacional.

Sus cometidos son:

- Pronunciarse dentro del ámbito de su competencia a través de Recomendaciones, sea por iniciativa propia o por consultas que se le realicen.

- En el primer caso actúa por consenso, en el segundo caso si se le plantea una consulta y no se obtiene el consenso, se elevan todas las posiciones.

- Cooperar en general para promover el progreso económico y social.

- Analizar y evaluar los impactos sociales y económicos derivados de las políticas de integración.

- Proponer normas y políticas sociales y económicas.

- Realizar investigaciones y estudios.

- Establecer relaciones con otras instituciones públicas o privadas, nacionales e internacionales.

- Contribuir a una mayor participación de la sociedad civil.

Su órgano principal es el Plenario del Foro, integrado por nueve miembros titulares y sus respectivos alternos, debiendo ser paritaria la representación de las organizaciones de trabajadores y empleadores.

El Plenario puede instituir Comisiones temáticas especializadas, Grupos de Trabajo y otros órganos para el estudio, análisis y elaboración de propuestas e informes.

Se reúne una vez por semestre en forma ordinaria, debiendo cumplir requisitos para la convocatoria y para el quórum.

Sus funciones son consultivas, no vinculantes, puede dar su opinión en cualquier área vinculada a asuntos de carácter económico o social, pero la consulta al Foro no es preceptiva ni obligatoria.

2.6. Secretaría Administrativa del Mercosur (SAM)

Es el órgano de apoyo operativo y responsable de la prestación de los servicios a los demás órganos del Mercosur.

La principal función de la SAM está vinculada con la obligatoriedad y vigencia del Derecho Derivado en el Mercosur, estando a su cargo la edición del Boletín Oficial Mercosur donde se publican y difunden las normas adoptadas en el marco del proceso de integración: Decisiones, Resoluciones, Directivas, Laudos arbitrales, así como cualquier otro acto al cual el CMC o el GMC entiendan necesario otorgarle publicidad oficial.

Tiene al frente un Director y su sede se estableció en Montevideo. Este es el único signo de arraigo del Mercosur, ya que los restantes órganos no tienen sede y sus reuniones son rotativas y se realizan en el país que ejerce la Presidencia *pro tempore*.

Está previsto como un órgano de carácter administrativo. En su inicio no se le otorgaron funciones técnicas, pero por Decisión del CMC de diciembre del año 2002, se estableció su transformación en Secretaría Técnica a partir del 1° de mayo de 2003, con cambios radicales en su estructura interna y en sus facultades y cometidos.

3. ÓRGANOS AUXILIARES DEL MERCOSUR

Sin perjuicio de la existencia de los órganos permanentes o principales crea-dos por los Tratados fundacionales del Mercosur ya mencionados, se estableció la posibilidad de complementar esa estructura orgánica mediante la creación de los órganos auxiliares que fueran necesarios para la consecución de los objetivos del proceso de integración.

Estos órganos auxiliares no tienen potestades decisorias, sino que elevan recomendaciones, propuestas o proyectos de resolución al órgano principal del cual dependen, que puede hacerlas suyas transformándolas en una norma vinculante o no.

La potestad de crear órganos auxiliares está repartida entre el Consejo Mer-cado Común (CMC), el Grupo Mercado Común (GMC) y la Comisión de Comer-cio del Mercosur (CCM).

Como consecuencia de esas potestades, a la fecha existe en el Mercosur un importante número de órganos auxiliares, algunos con actividad permanente desde su creación y otros que han sido creados con carácter *ad hoc*.

Dentro de la actual estructura institucional del Mercosur y a simple título enunciativo, tenemos que del CMC dependen las Reuniones de Ministros y el Foro de Consulta y Concertación Política; del GMC dependen los Subgrupos de Trabajo, la Comisión Sociolaboral del Mercosur, el Grupo de Servicios y las Re-uniones Especializadas; y de la CCM dependen los Comités Técnicos que colabo-ran en tareas de asesoramiento.

Dentro de los órganos auxiliares nos referiremos en detalle a aquellos con competencias específicas en el área laboral, así como a los que tienen competen-cias parcialmente relacionada con el área sociolaboral o de la educación, dada la dualidad de la formación profesional.

3.1. Órganos con competencias específicas en el área laboral

Los órganos con competencias específicamente laborales son actualmente el Subgrupo de Trabajo N° 10 de "Relaciones Laborales, Empleo y Seguridad So-cial", la Comisión Sociolaboral del Mercosur y las Reuniones de Ministros de Trabajo.

3.1.1. El Subgrupo de Trabajo N° 10 de "Relaciones Laborales, Empleo y Seguridad Social"

Su antecesor: el Subgrupo de Trabajo N° 11

Como ya se señalara anteriormente, el Tratado de Asunción sólo preveía una estructura orgánica provisoria a cargo del Consejo Mercado Común y del Grupo Mercado Común, ordenando la instalación de diez Subgrupos de Trabajo, subordinados al GMC con el cometido de coordinar las políticas económicas y sectoriales.

Dentro de los Subgrupos creados, no se preveía ninguno con cometidos especiales dentro del área laboral. Sin embargo en la ya mencionada Declaración de Ministros de Trabajo de los cuatro países del Mercosur de mayo de 1991, se destacó la necesidad de atender los aspectos laborales y sociales del proceso de integración y de promover la creación de un Subgrupo de Trabajo con el cometido específico de avanzar en el estudio de estos aspectos del Mercosur.

Como consecuencia directa de la acción de los Ministros de Trabajo, en la reunión de Foz de Iguazú de diciembre de 1991, el Grupo Mercado Común mediante la Resolución N° 11/91, llenando el vacío dejado por el Anexo V del Tratado de Asunción, creó el Subgrupo de Trabajo N° 11 (SGT 11), denominado inicialmente, de Asuntos Laborales.

En sus comienzos, el Subgrupo N° 11 fue el único órgano con competencias en el área laboral que tuvo actividad efectiva dentro del Mercosur.

Dicho Subgrupo –como los anteriormente creados– se constituyó como un órgano auxiliar del GMC sin potestades decisorias, elevando Recomendaciones a efectos de que –si lo consideraba oportuno– el GMC dictara una Resolución de carácter obligatorio.

La primera reunión del Subgrupo tuvo lugar el 27 de marzo de 1992 en la ciudad de Montevideo, y sus dos primeras Recomendaciones –que fueran aprobadas por el GMC– hicieron referencia a:

* la modificación de su nombre, proponiéndose "Relaciones Laborales, Empleo y Seguridad Social"", que recogía la globalidad de la temática que debía encarar;

* su integración tripartita, donde participaran conjuntamente con los Gobiernos, delegados de las organizaciones más representativas de empleadores y trabajadores de los cuatro países.

El tripartismo adoptado para este Subgrupo de Trabajo fue la primera experiencia en tal sentido, dentro de la organización institucional del Mercosur.

Conforme al Reglamento del GMC, los actores sociales participan en el Subgrupo, únicamente en las reuniones de trabajo preparatorias, quedando reservada para los gobiernos la etapa decisoria donde se adoptan las Recomendaciones a ser elevadas al GMC.

El Subgrupo –ya con su integración tripartita– comenzó a reunirse a mediados de 1992 y acordó la creación de ocho comisiones técnicas, también de carácter tripartito, con el fin de analizar los diversos temas del área laboral, las que prepararían los trabajos a analizar por el Subgrupo en las materias inherentes a su esfera de actuación.

Dichas comisiones fueron:

*   Comisión 1: sobre relaciones individuales de trabajo y costos laborales;

*   Comisión 2: sobre relaciones colectivas de trabajo;

*   Comisión 3: sobre empleo y migraciones laborales;

*   Comisión 4: sobre formación profesional y reconocimiento de aptitudes profesionales;

*   Comisión 5: sobre seguridad e higiene en el trabajo;

*   Comisión 6: sobre seguridad social;

*   Comisión 7: sobre sectores específicos;

*   Comisión 8: sobre Principios.

Para dar cumplimiento a los objetivos establecidos en el Tratado de Asunción, el Consejo Mercado Común –con la presencia de los Presidentes de los cuatro países– acordó en 1992 en la ciudad de Las Leñas (Argentina), un Cronograma de Actividades a cumplir por sus diversos órganos e instituciones.

Con relación al SGT N° 11, en general, se previeron tres etapas a cumplir hasta fines de 1994 (fecha prevista para la revisión del proceso de integración):

a)   un diagnóstico y análisis comparativo de los regímenes jurídico laborales existentes en cada uno de los países integrantes;

b)   la posterior identificación de aquellas asimetrías que pudieran perjudicar o demorar la libre circulación de los factores de producción o distorsionar la sana competencia entre las fuerzas productivas de los países;

c)   la elaboración de propuestas y su remisión al GMC. Dichas propuestas como es lógico, debían estar destinadas –según pautas dadas por el Tratado de Asunción– a la armonización de sus legislaciones y a la implementación de las acciones y políticas necesarias para consolidar la libre circulación de los factores productivos inherentes a todo mercado común y a una integración regional con justicia social, tendiente al mejoramiento de las condiciones de vida de los habitantes de la región.

Esta etapa inicial, si bien supone un importante y necesario avance en el conocimiento recíproco de las realidades nacionales, no produce resultados concretos visibles en materia de armonización o coordinación de normas y políticas regionales.

En general los trabajos de las Comisiones se circunscribieron a analizar las normas y políticas nacionales en las diferentes áreas de su competencia y en algunos casos se llegó a detectar las principales asimetrías existentes entre los países, pero no se realizaron propuestas concretas de armonización o convergencia de las mismas.

Desde el punto de vista *institucional* este período inicial de la integración se caracteriza por el nacimiento de una temprana pero incipiente institucionalidad laboral, que se conforma en los hechos por un único órgano especializado en la materia, el Subgrupo de Trabajo Nº 11.

Asimismo es de especial importancia la decisión gubernamental de dar participación desde el inicio a todos los actores del mundo laboral, al resolverse su integración tripartita, lo que legitima el proceso de avance de esta dimensión laboral.

Desde el punto de vista de los *resultados* obtenidos, se detectan debilidades importantes y algunas potencialidades interesantes que surgen en esta etapa.

Las *debilidades* se centran en la escasez de propuestas concretas para avanzar en el desarrollo de la dimensión sociolaboral de la integración, en la infructuosa concreción de esas líneas de trabajo consensuadas y –o como causa de lo anterior– en la inexistencia de metas y objetivos claros a cumplir en materia sociolaboral para acompañar el proceso de integración económico.

En este período puede destacarse como *avance* interesante la elaboración de un proyecto de Reglamento que regula la libre circulación de trabajadores del Mercosur, que no logró su aprobación en el ámbito del Subgrupo, dada la lentitud de los plazos para conformar el mercado común, del cual es pilar la libre circulación de los factores de producción.

Asimismo pueden señalarse como *logros* alcanzados en materia normativa, el afianzamiento del concepto de "igualación hacia arriba" como pauta rectora de las futuras propuestas armonizadoras y el consenso respecto a la necesidad de establecer un piso mínimo de derechos laborales.

En similar sentido y como trabajo complementario se elaboró en consenso un documento de derecho comparado donde se establecen los diversos institutos normativos del derecho laboral y de la seguridad social, que identifica las principales características de los ordenamientos jurídicos laborales de los cuatro países, denominados "Nomencladores". Posteriormente y basado en los mismos, se elaboró otro documento donde se relevaron las principales similitudes y diferencias de las normas laborales que regulan las relaciones de trabajo de carácter individual.

La Comisión N° 8 de "Principios" realizó el análisis de propuestas de algunas líneas de trabajo tendientes a la armonización de normas laborales.

Esta Comisión de Principios, por su contenido, se convirtió en la Comisión de mayor relevancia dentro del Subgrupo, ya que justamente tenía asignada la proposición de instrumentos de construcción del espacio social del Mercosur y su principal tarea era la definición y posterior consagración de las normas fundamentales a regir en esa dimensión social.

A medida que transcurría el tiempo y se cumplía el programa de liberalización comercial progresivo y automático, la competencia cada vez más abierta entre las empresas de diferente tamaño, tecnología y grado de integración vertical comenzó a provocar desequilibrios comerciales dentro de la región.

Como consecuencia aparecieron diversos reclamos tendientes a modificar los plazos definidos en el Tratado de Asunción de modo de evitar la generación de problemas a nivel nacional que afectaran empresas y sectores productivos.

Ello determinó que en 1994 se realizara una Reunión Cumbre del Consejo Mercado Común donde se resolvió mantener el objetivo de construir un mercado común, pero adecuando los plazos para su conformación, a términos más razonables y acordes a las realidades de la región.

Se acordó así redefinir el proceso de integración, reafirmando en lo inmediato la consolidación de una zona de libre comercio, la conformación en el mediano plazo de una unión aduanera cuyo proceso se iniciaría a partir de 1995 y de un mercado común en un período posterior.

Bajo estas nuevas pautas se firma en diciembre de 1994 el Protocolo de Ouro Preto que complementa la inicial estructura institucional del Mercosur, con la creación de la Comisión de Comercio, la Comisión Parlamentaria Conjunta y el Foro Consultivo Económico y Social, órganos ya descriptos precedentemente.

Esta lentitud cronológica del proceso de integración del Mercosur, a lo interno significó sin embargo una revitalización y ampliación de sus actividades y un replanteo de sus metas y objetivos, que se plasmó en el *Programa de Acción del Mercosur hasta el año 2000.*

Este Programa marcó un punto de inflexión en el proceso de integración, pues allí se consagra el objetivo estratégico de profundizar la integración me-

diante la consolidación y perfeccionamiento de la Unión Aduanera, así como de establecer líneas de acción que permitieran la expansión del proceso de integración en todas las áreas de interés social: educación, cultura, tecnología, salud, medio ambiente, trabajo, etcétera.

La ampliación de los objetivos del proceso de integración a diversas áreas no incluidas explícitamente en el período anterior, tuvieron consecuencias sobre el desarrollo institucional del Mercosur, tanto a nivel general como laboral. En este último aspecto son relevantes la transformación del SGT 11 en el SGT 10 de "Relaciones Laborales, Empleo y Seguridad Social" así como la creación de la Comisión Sociolaboral y la reactivación de las Reuniones de Ministros de Trabajo.

El actual Subgrupo de Trabajo Nº 10

El cambio acontecido en cuanto al ritmo y plazos en que se consolidaría el proceso de integración, fue acompasado por el Subgrupo de Trabajo Nº 11, mediante un cambio de estrategia.

En 1994, en una de las escasas reuniones del Subgrupo 11 integrada en forma exclusiva por representantes gubernamentales, los Coordinadores del SGT Nº 11 entendieron conveniente suspender los trabajos de las Comisiones Temáticas, para adecuar los plazos de la integración social a la integración económica y replantearse la naturaleza y objetivos del Subgrupo y su futura dinámica.

Como resultado de los acuerdos logrados se propuso al GMC una modificación sustancial en la forma de actuación del Subgrupo y sus estrategias futuras.

En primer lugar se entendió que las tareas de investigación, análisis y diagnóstico que habían centrado la actividad del Subgrupo hasta esa fecha debían ser sustituidas o complementadas por otras que trascendieran el plano puramente técnico y analítico, para convertir al Subgrupo en un instrumento operativo idóneo, que nutriera de insumos concretos al GMC para apoyar sus decisiones en los temas sociolaborales.

En segundo lugar, y para ese fin, era necesario priorizar temas específicos acordes con los avances y requerimientos de la integración.

Para ello y sin perjuicio de mantener en su agenda de discusión las materias definidas al inicio, se propuso encarar en forma gradual y progresiva temas puntuales de dichas áreas para tratarlos en profundidad y obtener un resultado concreto a ser elevado al GMC. En síntesis: tratar simultáneamente un menor número de temas, pero hacerlo con mayor profundidad, a efectos de concentrar los esfuerzos y lograr la obtención de resultados concretos a corto plazo, que a su vez estimularan la continuidad de otras acciones.

En tercer lugar, ello requería reformular su mecanismo de funcionamiento, con el objetivo de hacerlo más flexible, adaptable y ágil.

En tal sentido se resolvió –con aval tripartito posterior– concentrar los trabajos en tres Comisiones Técnicas, que priorizarían temas concretos para el tratamiento de los cuales se convocarían grupos de trabajo especiales.

En cuarto lugar y en conocimiento de que se crearía un nuevo órgano del Mercosur donde estarían representados los diferentes sectores e intereses de la sociedad, –que en definitiva fue el Foro Consultivo Económico y Social– se ratificó expresamente la necesidad de mantener y fortalecer el carácter tripartito del Subgrupo.

Ya firmado el Protocolo de Ouro Preto, y ratificando la propuesta de sus Coordinadores, el Grupo Mercado Común resolvió mantener al Subgrupo de Relaciones Laborales, Empleo y Seguridad Social, como *órgano auxiliar del propio GMC*, conservando su carácter tripartito, pero pasando a ser ahora –en virtud de la redistribución de tareas con la Comisión de Comercio– el Subgrupo de Trabajo N° 10, que se mantiene hasta el presente con iguales características.

Al reiniciarse la actividad del Subgrupo de Trabajo N° 10 las directivas generales respecto a los objetivos a cumplir en el área laboral, habían quedado establecidas en el denominado Programa Mercosur 2000, aprobado por Decisión N° 5/95 del CMC.

En lo relacionado con la materia, se establecía expresamente que para mejorar las condiciones de vida y de trabajo era necesario encarar el examen de acuerdos sobre derechos laborales y sociales y una mayor cooperación para el cumplimiento y control de las normas laborales nacionales.

En su *estructura interna* el Subgrupo, a la fecha, está conformado por tres Comisiones Temáticas, un Observatorio de Mercado de Trabajo y, en virtud de su estructura flexible, ha creado para objetivos puntuales, instancias especiales, como la Comisión *ad hoc* de Migraciones Laborales que ha adquirido permanencia desde su instalación en 1997.

Las Comisiones Temáticas

Sustituyeron las ocho Comisiones anteriores, redistribuyéndose y ampliándose los temas asignados a cada una de ellas.

Esas Comisiones Temáticas, que son de carácter tripartito, tienen un funcionamiento permanente, reuniéndose previamente al SGT 10, en general una vez por cada Presidencia *pro tempore*, que rota cada seis meses. Realizan informes y recomendaciones esencialmente técnicos, que se elevan al **Plenario del Subgrupo** para su consideración y elevación al GMC si se considera pertinente.

Las Comisiones que se crearon y mantienen, son:

Comisión N° 1: Relaciones de Trabajo, que incluye las tareas encaradas por las anteriores Comisiones N[os]1, 2 y 8.

Comisión N° 2: Empleo, Migraciones y Formación Profesional, que tiene a su cargo las áreas antes asignadas a las Comisiones 3 y 4.

Comisión N° 3: Salud y Seguridad Laboral, Seguridad Social e Inspección de Trabajo, que asumió las materias a estudio de las Comisiones 5 y 6 anteriores y agregó el tema de inspección de trabajo.

El Observatorio de Mercado de Trabajo del Mercosur

Uno de los resultados de las líneas de acción definidas tripartitamente dentro del Subgrupo, fue la creación del *Observatorio de Mercado de Trabajo del Mercosur*, como espacio de información e investigación del mercado de trabajo regional, que originó la creación en 1997, de una estructura orgánica nueva que al igual que la Comisiones Temáticas, depende del Subgrupo de Trabajo N° 10.

En su *estructura funcional* el Observatorio de Mercado de Trabajo está integrado por un Consejo Gestor y una Secretaría Técnico Ejecutiva:

* *Consejo Gestor*

Es un órgano tripartito y paritario, integrado por tres representantes de cada país integrante del Mercosur, propuestos por sus respectivos sectores y designados por las Secciones Nacionales.

Se reúne en forma ordinaria por lo menos dos veces al año, pudiendo también hacerlo en forma extraordinaria a solicitud de la Coordinación de la Secretaria Técnico Ejecutiva, de cualquier sección nacional completa o de las cuatro delegaciones de un mismo sector.

Sus competencias principales son:

a. Establecer periódicamente las acciones y prioridades del Observatorio, tomando como bases las sugerencias del Subgrupo 10.

b. Imponer en sus cargos a los integrantes de la Secretaría Técnico Ejecutiva.

c. Elaborar planes de trabajo y de costos, necesarios para la implementación de las actividades técnicas instruidas por el Subgrupo.

d. Identificar y establecer las diferentes formas de cooperación e intercambio con las instituciones públicas y privadas que actúan en áreas de interés para el mercado de trabajo.

e. Poner en conocimiento del Subgrupo los resultados de los trabajos del Observatorio.

f. Identificar la información producida por las Comisiones del Subgrupo N° 10 y de otros Subgrupos del Mercosur.

g. Sugerir anualmente el país que ejercerá las funciones de coordinación de la Secretaría Técnico Ejecutiva.

h. Aprobar el presupuesto y fuentes de financiamiento.

- *Secretaría Técnico Administrativa*

Está integrada por un representante de cada país miembro del Mercosur, designado por la respectiva sección nacional del Subgrupo N° 10 y cumple tareas de coordinación y ejecución técnico administrativa.

Está previsto que se reúna por lo menos cuatro veces en cada año.

Sus atribuciones son:

a. Ejecutar los planes de trabajo aprobados por el Consejo Gestor.

b. Definir los procedimientos metodológicos a ser adoptados en sus trabajos.

c. Sistematizar, intercambiar y difundir las informaciones y estudios relevantes sobre mercado de trabajo.

Las funciones de esta Secretaría están coordinadas sucesivamente por un representante del país designado a esos efectos por el Subgrupo.

La coordinación rota en forma anual y por orden alfabético, aunque en estos primeros años de funcionamiento, para dar continuidad a las acciones emprendidas por los países que detentan las funciones de coordinación, los períodos anuales previstos han sido prorrogados por el Subgrupo.

La Comisión ad hoc de Migraciones Laborales

Se crea en el mes de agosto de 1997 con el objetivo de proyectar una reglamentación normativa sobre migraciones fronterizas y continúa trabajando en el tema, habiendo realizado encuestas en los puestos de frontera a efectos de determinar el perfil del trabajador fronterizo y elaborar una matriz de pautas comunes como insumo para la elaboración de la reglamentación.

Tiene una integración ampliada donde participan los tres sectores del mundo de trabajo y un representante de las direcciones de migraciones de los países integrantes del Mercosur, que son generalmente dependencias del Ministerio del Interior.

3.1.2. *La Comisión Sociolaboral del Mercosur*

La creación de la Comisión Sociolaboral del Mercosur fue prevista en los arts.20 y siguientes de la Declaración Sociolaboral del Mercosur, del 10 de diciembre de 1998, como un *órgano directamente auxiliar del Grupo Mercado Común*, de composición tripartita, con carácter promocional y no sancionatorio, dotado de instancias nacionales y regional, destinado a fomentar y acompañar la aplicación del instrumento: esto es a promover el cumplimiento de los derechos previstos en ella.

Su creación definitiva se materializa en la Resolución N°15/99 del GMC de fecha 9 de marzo de 1999.

Posteriormente la propia Comisión acuerda los Reglamentos Internos de la Comisión Sociolaboral Regional y de las cuatro Comisiones Nacionales, donde desarrollan las características y atribuciones establecidas en la propia Declaración y en la Resolución que la institucionalizara.

Comisión Sociolaboral del Mercosur (regional)

Composición: Se integra por doce miembros titulares que representan a los sectores gubernamental, empleador y trabajador de cada Estado Parte, y doce miembros alternos, que son elegidos respectivamente por los Gobiernos y las organizaciones más representativas de empleadores y trabajadores.

A efectos de dar certeza y continuidad a las representaciones, estas no podrán ser modificadas, salvo por quien las designó, y los sustitutos solo podrán participar de las reuniones si media una comunicación formal realizada con una antelación de 48 horas a la realización de la misma.

A los efectos de armonizar la naturaleza política de los delegados – imprescindible para la toma de decisiones– con los necesarios apoyos técnicos para evaluar previamente las consecuencias de la adopción de las mismas, los miembros titulares y alternos podrán acompañarse por hasta un máximo de dos asesores.

Solo los miembros titulares tendrán voz y voto y los suplentes que participen de la reunión tendrán voz, y cuando sustituyan a los titulares también voto.

También podrán participar invitados especiales, si existe consenso de la Comisión, en calidad de exponentes o de observadores; tal como se resolvió recientemente respecto a la OIT.

• *Coordinación:* la Comisión funcionará bajo la dirección de una Coordinación tripartita rotativa, que coincide con la presidencia *pro tempore* del Mercosur, que es semestral y rota en orden alfabético. El Reglamento establece las competencias y obligaciones de la coordinación.

• *Reuniones:* Se establecen dos reuniones *ordinarias* mínimas por año, a realizarse en los meses de abril y octubre, y la posibilidad de reuniones *extraordinarias*. Para asegurar que el tema a tratar justifique, por su importancia y urgencia, la fijación de una reunión extraordinaria, deberá pedirla el Grupo Mercado Común, una sección nacional tripartita o la mayoría de un sector (tres miembros). En la solicitud se dejará expresa constancia del tema que determina la convocatoria y para que se convoque a reunión deberá tener el consenso de siete de los miembros de la Comisión, donde deberá haber un representante de cada sector.

• *Quórum y consenso:* Para la realización de las Reuniones se exige un quórum mínimo de siete personas, debiendo estar presentes dos representantes de cada sector. Esta decisión se adoptó luego de largas negociaciones tendientes a asegurar que un sector no tuviera la posibilidad de impedir –con su no concurrencia– la realización de las reuniones de la Comisión, pero garantizando simultáneamente una mínima representatividad de los países y sectores en las mismas. Asimismo se reglamentó la obtención del consenso, interpretándose que los 12 votos requeridos para adoptar decisiones (un voto por Estado parte y sector), se integran con votos positivos y abstenciones, y que para el caso de miembros ausentes, estos tendrán quince días para presentar objeciones totales o parciales, y en caso de silencio se considerara acordado el texto en cuestión. Fue una fórmula que intentó flexibilizar la necesidad de consenso e impedir abusos en el derecho de veto de sus integrantes.

• *Cometidos:* por último, el Reglamento establece las formas de cumplimiento de sus principales cometidos, de los cuales destacaremos los puntos más relevantes:

- Elaboración de Memorias. Conforme a la Declaración Sociolaboral del Mercosur se elaboran por los Ministerios de Trabajo en consulta con las organizaciones más representativas de empleadores y trabajadores.

El Reglamento establece que una vez elaborada, se presentan en la Comisión Nacional antes del 30 de junio de cada año, se discuten en ese ámbito, y antes del 30 de julio se remiten a la Comisión Regional y a las otras Comisiones Nacionales con las consideraciones realizadas por los otros sectores.

Asimismo establece que las *primeras Memorias* deberán informar de la situación legal, institucional y práctica, haciéndose un diagnóstico general de la situación nacional al respecto; y que las *siguientes Memorias* deberán consignar las *modificaciones* en la legislación y en la práctica, así como los *avances* realizados en la promoción de los derechos y las *dificultades* encontradas en su aplicación.

- Examen de Memorias. Se examinan en primera instancia por la Comisión Nacional del respectivo país, se realiza un informe y se elevan ambos para examen de la Comisión Regional. Cada tema será examinado con la frecuencia que decida la Comisión, la que podrá subdividir por semestres el tratamiento de los derechos objeto de Memorias.

Luego de analizadas las Memorias y las consideraciones de los sectores sociales, se hace un informe evaluatorio del estado de aplicación y se eleva al GMC.

- Planes, programas de acción y recomendaciones. Del mismo modo se elevan al GMC los planes, programas de acción y recomendaciones consensuadas que tiendan a fomentar la aplicación y el cumplimiento de la Declaración. Para estos efectos la Comisión considerará las propuestas realizadas por las propias Comisiones Nacionales u otros órganos del Mercosur, además de las propuestas que surjan en su propio seno como resultado del examen de las Memorias presentadas anualmente.

- Examen de observaciones, consultas y dudas. Para proceder a su examen se requiere que se refieran a la aplicación e interpretación de la Declaración y que se basen en las opiniones de las Comisiones Nacionales. Si hay consenso se redactan las consideraciones y aclaraciones que correspondan, y de no lograr el mismo se remiten a las Comisiones nacionales para un nuevo tratamiento de los disensos.

Se buscó con esta solución dar a las Comisiones Nacionales un papel preventivo, como organismo actuante en primera instancia y que actúa de filtro en estos temas.

- Aplicación y cumplimiento de la Declaración. Estas atribuciones refieren a la realización de análisis e informes sobre la aplicación en general de la Declaración, que se elevan al GMC con las recomendaciones pertinentes.

- Propuestas de modificación: Reitera lo expresado en la Declaración al respecto, agregando que las propuestas fundamentadas de revisión serán elevadas al GMC.

En una destacable interpretación, el Reglamento agrega además que "la Comisión adoptará igual procedimiento en las actualizaciones posteriores", reiterando la idea de que la consolidación de los espacios sociales de la integración es un proceso gradual y progresivo que recién se inicia y que supondrá un trabajo complejo y continuo de obtención de consensos hasta su total implantación.

Ratifica entonces el carácter dinámico y con vocación de perfeccionamiento de la Declaración y recoge la posibilidad permanente de profundizar los derechos y su contenido, de mejorar el procedimiento de seguimiento y de modificar la naturaleza jurídica del instrumento.

Comisiones Sociolaborales Nacionales

Las Comisiones Sociolaborales Nacionales son las instancias iniciales de preparación y discusión de los documentos de las Memorias; conforme a su reglamento son de carácter tripartito e integradas por los mismos miembros nacionales que luego representan al país y sector en la Comisión Regional, lo que permite mantener la continuidad de las representaciones y enriquece el tratamiento de los temas, al tener sus integrantes la visión nacional y regional de los mismos.

El reglamento establece una Coordinación semestral rotativa entre los tres sectores (gubernamental, empleador y trabajador), lo que supone que por primera vez –una entidad del Mercosur, aun sea de nivel nacional, integrada por los Gobiernos– será coordinada por los sectores sociales, lo que es una reafirmación más del valor y alcance otorgado al tripartismo.

Las Comisiones Nacionales tienen gran flexibilidad de funcionamiento, de forma tal que se adapten a las realidades específicas de cada país.

El Reglamento Interno dispone –extralimitando las disposiciones de la Declaración– que adoptarán sus decisiones, conclusiones y recomendaciones por consenso. No obstante, para garantizar el conocimiento de las diversas posiciones sectoriales se establece que si luego de dos reuniones de discusión, no se obtiene dicho consenso, se elevarán a la Comisión Regional las distintas posiciones.

3.1.3. Las Reuniones de Ministros de Trabajo

Luego de la participación relevante de los Ministros de Trabajo en mayo de 1991, exigiendo la creación del ámbito sociolaboral que diera origen al Subgrupo de Trabajo N°11, el CMC creó también como ámbito institucional la Reunión de Ministros de Trabajo (RMT) por decisión N° 5/91. Sin embargo, los Ministros no se reunieron –quizás debido en parte a la puesta en funcionamiento de dicho Subgrupo– hasta su reinstitucionalización definitiva dispuesta por Decisión N° 1/95 del CMC. Esta nueva disposición dio un fuerte impulso a las Reuniones, organizándolas como instancia política *directamente dependiente del Consejo Mercado Común*, órgano máximo del Mercosur.

A partir de esa fecha las Reuniones de Ministros se realizaron con relativa periodicidad, participando generalmente de las mismas los Ministros de Trabajo de Chile y Bolivia y en algunas oportunidades, los de otros países de América y España.

Como órgano de impulso político de los temas laborales, las RMT fueron marcando prioridades en la integración laboral del Mercosur, impulsando el estudio de temas, dando su apoyo permanente a lo actuado por el Subgrupo de Trabajo N°10 y propiciando el análisis de sus resultados en la esfera del CMC.

Las características relevantes que han tenido las Reuniones de Ministros de Trabajo, o que deberían tener y profundizar en el futuro, se resumen en:

1) Instancia eminentemente política

De acuerdo al desarrollo señalado, es claro que la frecuencia y fluidez de las reuniones de Ministros de Trabajo las han convertido en una instancia política necesaria para determinar e impulsar objetivos prioritarios a efectos de que los mismos sean desarrollados en los ámbitos técnicos laborales del Mercosur, como el SGT 10 u otros.

Así las RMT tienen un rol preponderante en relación con la promoción y profundización de los aspectos sociolaborales de integración laboral.

2) Ámbito de discusión de problemáticas intra y extra región

La composición de las RMT, con integración básica de los representantes de Mercosur, Chile y Bolivia pero con participación complementaria y eventual de otros países, la señala como instancia dinámica y abierta a problemas y circunstancias de carácter coyuntural. Su integración ampliada reforzó los vínculos y posibilitó acciones en materia de cooperación técnica con otros bloques regionales de América y con la Unión Europea.

3) *Instancia de coordinación en foros internacionales*

Asimismo, esta coordinación de Ministros de Trabajo tiende a lograr la concreción de posiciones comunes de los países de la región como bloque en instancias internacionales o regionales que involucren sus países.

Esa coordinación de posiciones en foros internacionales ha sido puesta en práctica, para reuniones específicas como la Conferencia Internacional de Trabajo, y en forma genérica para todos los eventos en que deban estar representados los países de la región, como la Conferencia Interamericana de Ministros de Trabajo y otras reuniones de OEA y de Naciones Unidas.

4) *Sensibilización del Mercosur general sobre temas sociolaborales*

A la vez que promotor de políticas y propuestas en materia sociolaboral, la RMT es el referente específico para sensibilizar al Mercosur económico, partiendo de la base de su propio reconocimiento, de que el crecimiento económico y el libre juego del mercado no garantizan por sí solos una distribución equitativa de los beneficios.

5) *Papel referencial en materia de diálogo social*

Todas las características reseñadas anteriormente convergen en la determinación del carácter referencial de las RMT en el diálogo social, y ello porque hay una reivindicación propia de este órgano en cuanto a la necesidad de avanzar en la integración y en las reformas estructurales emprendidas, a través de instancias de participación de la sociedad.

3.2. Órganos con competencia no exclusiva en materia laboral

Dentro de la estructura institucional del Mercosur existen dos órganos principales de carácter consultivo, con competencias genéricas que abarcan la materia sociolaboral: la Comisión Parlamentaria Conjunta y el Foro Consultivo Económico y Social, ya descriptos en el presente trabajo.

Asimismo, existen otros órganos auxiliares con competencias en materias específicas que se vinculan por su temática con el ámbito sociolaboral. Entre ellos se destacarán aquellos que han desarrollado o pueden desarrollar en el futuro alguna actividad de interés en el área social y en materia de formación profesional

3.2.1. *Reunión de Ministros de Educación*

Como órgano auxiliar del CMC, esta Reunión de Ministros de Educación ha tenido una actividad muy dinámica desde el inicio del proceso de integración.

Se han acordado importantes compromisos en materia de reconocimiento de certificados, títulos y estudios de niveles primario, medio no técnico, medio técnico, admisión de títulos y grados universitarios para el ejercicio de actividades académicas y otros acuerdos de integración educacional para la formación de recursos humanos a nivel de postgrado.

Actualmente el sector educativo del Mercosur está compuesto por la Reunión de Ministros de Educación (RME), órgano responsable de la toma de decisiones; un Comité Coordinador Regional (CCR) de carácter asesor, cuyo objetivo es proponer políticas de integración y cooperación en el ámbito educativo; Comisiones Regionales Coordinadoras de Área (CRCA), que son tres, con competencias respectivamente en el área de la educación básica, tecnológica y superior y que dependen del Comité Coordinador Regional.

3.2.2. *Reunión de Ministros de Desarrollo Social*

Tienen especial vinculación con la materia laboral, las Reuniones de Ministros de Desarrollo Social institucionalizadas recientemente como consecuencia de la *Carta de Buenos Aires sobre compromiso social del Mercosur, Bolivia y Chile,* que fuera redactada por el Foro de Consulta y Concertación Política, y aprobada y suscrita por los Jefes de Estado de los cuatro países del Mercosur, Chile y Bolivia.

La Carta de Buenos Aires suscripta el día 30 de junio de 2000, tiene un contenido programático y recoge el compromiso social de los países en lograr la superación de los problemas sociales más agudos a partir de la definición de posibles áreas de acción coordinadas, que atañen a temas como el empleo, la educación, el trabajo infantil o la exclusión social.

La Reunión de Ministros y Autoridades de Desarrollo Social del Mercosur fue institucionalizada por Decisión del CMC del 15 de diciembre de 2000, como instancia política y técnica. Está apoyada por un Grupo Técnico, el que actualmente se encuentra elaborando un Sistema Estadístico de Indicadores Sociales (SEIS).

3.2.3. *Grupo de Servicios (GS)*

Con el objetivo de redactar el denominado "Protocolo de Montevideo sobre el Comercio de Servicios del Mercosur", que fue aprobado por Decisión N°13/97 del CMC el 15 de diciembre de 1997, nace el Grupo *ad hoc* de Servicios, el que luego continúa trabajando en la incorporación de Anexos al Protocolo de Montevideo donde se incluyen disposiciones específicas sectoriales sobre el libre comercio de servicios.

Actualmente y desde diciembre de 1998 (Res.73/98) se ha transformado en un órgano auxiliar del Grupo Mercado Común: Grupo de Servicios, con la finalidad de organizar las rondas anuales de negociaciones a efectos de completar el Programa de Liberalización del comercio de servicios en el Mercosur.

En tanto el Protocolo de Montevideo tiene un capítulo relacionado con el reconocimiento de títulos, experiencia, educación, etcétera, para el ejercicio de las actividades y profesiones propias de la esfera de servicios, en el futuro seguramente este Grupo de Servicios abordará la temática de la formación profesional y el reconocimiento de competencias para ejercer las diversas profesiones y actividades relacionadas con la prestación de servicios dentro de la región.

3.2.4. *Reunión Especializada de la Mujer (REM)*

La Reunión Especializada de la Mujer surge por resolución del GMC N° 20/98 del 22 de julio de l998 y a instancias de una solicitud efectuada por el Foro de Mujeres del Mercosur, a fin de otorgarle al proceso de integración una visión desde la perspectiva de las mujeres, y a fin de consolidar un desarrollo en equidad.

Actualmente tiene como objetivos la promoción de la ratificación del Protocolo Facultativo de la CEDAW y el Tratado de Roma, la transversalización de la perspectiva de género en los Subgrupos, Reuniones y órganos comunitarios del Mercosur, la realización de estudios sobre género y macroeconomía, la incorporación del enfoque de género en la elaboración de los presupuestos nacionales de los Estados Parte, la prevención del acoso sexual y la potenciación del liderazgo femenino.

Los órganos de la institucionalidad del Mercosur referidos en este capítulo, concretan su accionar a través de la formulación de directrices, propuestas y recomendaciones, con lo cual se va conformando un orden normativo del Mercosur, que –con las consideraciones formuladas respecto a su vigencia y eficacia– desarrollaremos en el capítulo siguiente.

CAPÍTULO III

LAS PRINCIPALES NORMAS SOCIOLABORALES DEL MERCOSUR

1. INTRODUCCIÓN: EL ORDENAMIENTO JURÍDICO DEL MERCOSUR

La conformación de un mercado común, como proceso gradual y prolongado en el tiempo que es, requiere de un conjunto de normas que lo originen, lo regulen, lo controlen y lo orienten, que integren un orden jurídico claramente identificado.

Ese Derecho Comunitario, si bien se constituye mediante Tratados o Acuerdos Internacionales, es decir, normas de Derecho Público Internacional, su normativa no se agota en ellos, sino que se continúa por normas emanadas de los órganos creados por dichos Tratados.

Una primera clasificación de las normas comunitarias –atendiendo a sus fuentes– las divide en:

Derecho originario: que emana de los tratados constitutivos, de los tratados anexos o de los protocolos o acuerdos modificativos;

Derecho derivado: que está constituido por las normas emanadas de los órganos que integran la estructura institucional del Mercosur.

Este Derecho Comunitario, en los procesos de integración avanzados, como el europeo, se caracteriza por su aplicabilidad inmediata, directa y su prevalencia y primacía sobre las normas nacionales.

En el Mercosur, conforme al Protocolo de Ouro Preto, existe un orden jurídico organizado y estructurado que posee sus propias fuentes y está dotado de órganos y de procedimientos aptos para emitirlas, interpretarlas y aplicarlas; pero ese ordenamiento es muy diferente al europeo y se basa en los principios de consenso para la toma de decisiones y de aplicación simultánea para su entrada en vigor.

El principio del **consenso** determina que ninguna norma obligatoria sea tomada sin la presencia y la aceptación expresa o tácita de todos los Estados integrantes del Tratado.

Al carecer de supranacionalidad y ser todos sus órganos decisorios, de carácter intergubernamental, no ha sido aún posible establecer un sistema de adopción de decisiones a través de mayorías calificadas.

En cuanto al régimen de entrada en vigencia de las normas emanadas de los órganos del Mercosur –derecho derivado–, el Protocolo de Ouro Preto establece su obligatoriedad, disponiendo que tendrán carácter obligatorio, y cuando sea necesario, deberán ser incorporadas a los ordenamientos jurídicos nacionales mediante los procedimientos previstos en la legislación de cada país.

Ello no significa que el Derecho Derivado del Mercosur sea de aplicación inmediata, directa y prevalente en los Estados, sino que rige expresamente el **principio de la aplicación simultánea**: procedimiento que pone en vigencia las normas comunitarias en forma concomitante en todos los Estados Parte.

Por el procedimiento instituido, los Estados se comprometen a asegurar en sus respectivos territorios, la vigencia de las normas emanadas de los órganos del Mercosur e informar a la Secretaría Administrativa del Mercosur las medidas adoptadas a esos fines.

Cuando todos los países han informado la incorporación a sus respectivos ordenamientos jurídicos internos de las normas del Mercosur, la SAM comunica el hecho a cada Estado y la norma entra en vigor simultáneamente en todos ellos, treinta días después de la fecha de comunicación efectuada por la SAM.

En los hechos, el procedimiento de incorporación ha sido lento y engorroso, y son frecuentes las situaciones en que una norma vinculante emanada de los órganos del Mercosur, termina por no ser incorporada por alguno de los Estado Parte y por esa vía indirecta no adquiere eficacia jurídica.

Ello ha determinado que el CMC emitiera una serie de Decisiones tendientes a agilizar los procedimientos de incorporación (Decisión N° 23/2000 y Decisión N° 20/2002.

En síntesis, el orden jurídico del Mercosur está integrado, tanto por normas de derecho originario como derivado, que son de carácter vinculante.

Las primeras incluyen los tratados fundacionales, sus protocolos y los instrumentos adicionales o complementarios. (Tratado de Asunción, Protocolo de

Ouro Preto y Protocolo de Brasilia). El derecho derivado se integra por las normas obligatorias emanadas del CMC, GMC y CCM que son respectivamente Decisiones, Resoluciones y Directivas.

Las normas obligatorias están sujetas a un sistema de solución de controversias establecido en el Protocolo de Brasilia, que implica la puesta en funcionamiento de mecanismos de negociación en dos niveles: entre los sujetos de la controversia o con intervención de los órganos del Mercosur. En caso de no obtenerse soluciones viables, la tercera posibilidad implica la instrumentación de un procedimiento de arbitraje con un laudo final inapelable cuyo incumplimiento puede dar lugar a la imposición de sanciones económicas compensatorias. Este procedimiento actualmente se encuentra en vías de modificación, al haberse aprobado el nuevo sistema de solución de controversias o Protocolo de Olivos, el cual se encuentra en vías de ratificación por los Estados.

Además de estas normas, existen otras emanadas de los órganos principales, funcionales al cumplimiento de los objetivos del proceso de integración pero que por disposición expresa carecen de carácter vinculante, que son las Recomendaciones del CMC, las Propuestas de la CCM y las Recomendaciones del FCES y de la CPC.

Por último existe un tercer género de normas no previsto expresamente dentro del ordenamiento jurídico del Mercosur, que sin embargo ha tenido un desarrollo trascendente en el área sociolaboral, constituido por las Declaraciones emanadas de los Jefes de Estado de los países integrantes del Tratado (e incluso de los países asociados) que además del compromiso político que implican, por su contenido, tienen la potencialidad de transformarse en derecho obligatorio cuando consagran derechos fundamentales incluidos dentro de lo que se considera el patrimonio jurídico de la humanidad (*jus cogens*). Integran esta categoría, Acuerdos y Declaraciones de especial interés para la integración o para la formación profesional, como la Carta de Buenos Aires, el Protocolo de Ushuaia sobre compromiso democrático y varios acuerdos logrados en el sector educativo, etcétera, que la extensión de este trabajo no nos permite analizar en detalle.

En el ámbito laboral, los órganos creados hasta la fecha –sean de carácter principal como el Foro Consultivo Económico y Social, o sean de carácter auxiliar como el Subgrupo de Trabajo Nº 10, la Comisión Sociolaboral del Mercosur o las Reuniones de Ministros de Trabajo–, no tienen facultades decisorias; se expiden mediante Recomendaciones o propuestas de resolución que se elevan a los órganos de los cuales dependen.

Hechas estas aclaraciones previas, necesarias para establecer con precisión el alcance de las normas existentes en el Mercosur hasta la fecha, corresponde entrar en el análisis de las normas laborales haciendo una síntesis de las mismas y sus principales características y contenidos.

2. PRINCIPALES NORMAS DEL MERCOSUR RELACIONADAS CON EL ÁMBITO SOCIOLABORAL

2.1. Características y objetivos

Cuando hablamos de las normas laborales del Mercosur debemos tener presente una serie de **peculiaridades** de las mismas que merecen ser destacadas.

En *primer lugar* debe tenerse presente que todas las normas laborales elaboradas hasta la fecha han surgido de los trabajos desarrollados por los órganos que integran la estructura institucional laboral del Mercosur y que en consecuencia son el **fruto de un trabajo tripartito** de búsqueda de consensos y equilibrios entre los tres actores del mundo del trabajo de los cuatro países del Mercosur.

Ello le da un valor muy especial, porque supone que desde la génesis de la norma existe un consenso sobre la necesidad de que exista una disposición regional que regule ese tema, sobre los objetivos de la misma y sobre la forma jurídica que tendrá esa disposición y su contenido concreto.

Si bien ello es positivo, debe tenerse en cuenta que, al ser resultado de una elaboración consensuada y tripartita, muchas veces las normas no tienen el rigor técnico que contienen otros cuerpos normativos.

En *segundo lugar* las normas emanadas de los órganos laborales han sido concebidas con dos **objetivos claramente diferenciados** y ello incide en la forma jurídica que en definitiva se ha adoptado y se ha propuesto desde el propio órgano laboral tripartito.

Algunas, como la Declaración Sociolaboral y el Acuerdo de Seguridad Social tuvieron como finalidad la *armonización normativa a nivel regional* y el establecimiento de un piso o base mínima de derechos a regir dentro del Mercosur.

Otras disposiciones fueron concebidas con el objetivo de *establecer pautas o directrices regionales* que sirvieran de orientación para la convergencia de las políticas nacionales en determinadas materias y para la coordinación de determinadas líneas de acción comunes a los cuatro países.

Esos diferentes objetivos y propósitos que impulsaron los trabajos de los órganos laborales, determinaron que en el primer caso se recomendara al órgano principal la aprobación de una norma con una eficacia jurídica plena o al menos de una clara trascendencia política; y en el segundo caso, se recomendara, en cambio, la aprobación de una norma no vinculante para los Estados Parte.

Es así que en forma asistemática los órganos laborales han realizado propuestas que suponen la adopción de diversos instrumentos jurídicos: adopción de Tratados, de Resoluciones del GMC, de Declaraciones de Jefes de Estado o de Recomendaciones.

En *tercer lugar* es bueno destacar, que sin perjuicio de la propuesta en uno u otro sentido del órgano laboral competente, las recomendaciones, tanto del Subgrupo como de la Comisión Sociolaboral han tenido **diferentes concreciones en la órbita del Grupo Mercado Común**: en algunos casos aceptó en forma total las propuestas remitidas, en otros las adoptó con modificaciones al tipo de instrumento propuesto, y directamente en otros, no se expidió sobre el tema, rechazando en forma tácita el contenido de la propuesta en sí, o la oportunidad temporal de su planteamiento.

En lo que hace al objetivo de armonizar normas a nivel regional, las mismas se generan a partir de tres diferentes enfoques o metodologías de armonización, que no son sustitutivos sino complementarios.

Esos tres métodos de trabajo complementarios son:

a. *subir del nivel normativo nacional al regional*, y proponer la armonización de algunas normas nacionales, de modo tal de ir encauzando la actividad legislativa hacia la obtención de mayores y más homogéneos niveles de protección laboral, teniendo en cuenta que los regímenes jurídicos internos serían controlados por los respectivos sistemas nacionales de inspección del trabajo;

b. *bajar del nivel internacional al regional,* y proponer la ratificación conjunta por los cuatro países de Convenios Internacionales de Trabajo y de otros Pactos, Tratados o Protocolos Internacionales o Americanos, teniendo también presente que los mismos serían objeto de seguimiento en cada país del Mercosur, por los mecanismos específicos previstos en cada uno de ellos;

c. *trabajar directamente en un instrumento regional*, con un mecanismo propio de control o seguimiento.

Estas tres metodologías fueron aplicadas por los órganos sociolaborales del Mercosur, con resultados diferentes.

a. En lo que refiere al enfoque de ***subir del nivel normativo nacional al regional***, se trabajó a nivel del SGT 10 a efectos de armonizar las normas nacionales de los países Parte, elaborando en primer lugar los Nomencladores Nacionales, donde se recoge la normativa de cada país en documentos de estructura homogénea sobre la base de una matriz y glosario de institutos acordados previamente. Estos nomencladores son actualizados por cada país de acuerdo a las modificaciones que se produzcan en sus legislaciones.

A partir de los nomencladores, divididos en los diferentes institutos del derecho laboral, se realizó un documento de relevamiento de las asimetrías más importantes entre los mismos, a efectos de instrumentar posteriormente su armonización, etapa que no se concretó, en virtud de las sustanciales dificultades para modificar simultáneamente y en un mismo sentido, las cuatro legislaciones nacionales de trabajo.

No obstante, los nomencladores son un producto vigente y relevante de ese trabajo, que hasta la fecha proveen de información veraz y actualizada de las legislaciones nacionales de los países del Mercosur, respecto a los institutos de derecho laboral individual y de la seguridad social.

b. En lo que refiere a *bajar del nivel internacional al regional,* el SGT 10 a través de la primigenia Comisión de Principios, y luego a través de la Comisión I de Relaciones de Trabajo, realizó un relevamiento de los instrumentos internacionales a regir en la dimensión social del Mercosur.

La primera tarea encarada fue el estudio de la situación de los cuatro países en cuanto a la ratificación de Convenios Internacionales de Trabajo, con el objetivo de ratificar un elenco homogéneo de los mismos, lo que contemplaba simultáneamente la idea de consagrar un nivel mínimo de protección y un cierto grado de armonización de normas fundamentales.

El Subgrupo llegó a un consenso sobre una lista de treinta y cuatro Convenios a ser ratificados en común por los países del Mercosur, y posteriormente acordó dos listas de ocho y diez Convenios, que en forma sucesiva –y conforme a su importancia– deberían ser ratificados, en forma inmediata y en el corto plazo respectivamente, recomendando que a tales efectos los países debían asumir el compromiso de adoptar las medidas internas que correspondieran.

De la lista consensuada, los primeros ocho Convenios seleccionados por consenso, por regular derechos fundamentales de los trabajadores, fueron:

CIT N°29: Trabajo forzoso

CIT N°98: Negociación colectiva

CIT N°100: Igualdad en materia salarial

CIT N°105: Trabajo forzoso

CIT N°111: No discriminación en materia de empleo y ocupación

CIT N°144: Consulta tripartita

CIT N°151: Condiciones de trabajo en la administración pública

CIT N°154: Fomento de la negociación colectiva.

Los siguientes diez Convenios a ratificar en forma simultánea por los países eran los N°s1 (Horas de Trabajo/Industria), 77 (Examen médico de los menores/Industria), 78 (Examen médico de los menores/No industriales), 81 (Inspección de Trabajo), 95 (Protección del salario), 97 (Trabajadores Migrantes), 136 (Protección de los riesgos de intoxicación por benceno), 139 (Prevención y control de los riesgos profesionales causados por las sustancias o agentes cancerígenos), 155 (Seguridad y salud de los trabajadores) y 162 (Utilización del asbesto).

Luego de la Declaración de Derechos Fundamentales de la OIT se exhortó a los países integrantes del Tratado a suscribir los Convenios Internacionales relacionados con los derechos fundamentales consagrados en la referida Declaración.

Si bien las propuestas del SGT 10 no fueron objeto de tratamiento expreso por el GMC ni objeto de una Resolución obligatoria al respecto, el consenso logrado sirvió de guía para las decisiones internas de los países y para consensuar posiciones homogéneas en la Conferencia Internacional de Trabajo, que dieron como resultado, entre otros, la rápida ratificación por los cuatro países del Mercosur, del CIT 182 sobre "Erradicación de las peores formas de trabajo infantil".

De similar forma se realizó el análisis de otros Tratados, Declaraciones y Pactos Internacionales que consagran derechos fundamentales de carácter social y laboral, acordándose una lista común de instrumentos a ser ratificados por los países de Mercosur.

Los instrumentos seleccionados fueron:

- Declaración Universal de Derechos Humanos

- Pacto Internacional de Derechos Civiles y Políticos

- Pacto Internacional de Derechos Económicos, Sociales y Culturales

- Declaración Americana de los Derechos y Deberes del Hombre

- Carta Internacional Americana de Garantías Sociales

- Carta de la Organización de los Estados Americanos

- Convención Americana sobre Derechos Humanos

- Protocolo Adicional a la Convención Americana sobre Derechos Humanos en Materia de Derechos Económicos, Sociales y Culturales.

Si bien no ha habido recomendaciones expresas al respecto, los países tomaron estos instrumentos internacionales y americanos como prioritarios para su ratificación.

Estas metodologías se continúan trabajando en el SGT incluso cuando los resultados concretos no han sido aún demasiado alentadores hasta la fecha.

c. En lo que refiere al enfoque de *trabajar directamente en instrumentos regionales, que consagraran normas comunes que garantizaran derechos fundamentales del trabajo en la región,* fue la línea de trabajo que dio mayores resultados en el SGT 10, sin perjuicio de que su suerte posterior, tanto en los órganos decisorios del Mercosur, como en las instancias nacionales de internalización o incorporación, fue disímil.

Resultado de estos trabajos de elaboración tripartita en el ámbito del Subgrupo de Trabajo N°10, fueron la Declaración Sociolaboral del Mercosur y del Acuerdo Multilateral de Seguridad Social, instrumentos que por su trascendencia serán desarrollados más detenidamente, que consagran y regulan derechos fundamentales de índole laboral; y en el ámbito de la Comisión Sociolaboral del Mercosur la Declaración Presidencial sobre erradicación del trabajo infantil, que avanzando en la definición de políticas comunes consagra una serie de compromisos de los Estados en la materia.

Seguidamente haremos una somera referencia a otras normas de la dimensión social del Mercosur que establecen compromisos de los Estados signatarios (que en algunos casos incluyen a los países asociados, Bolivia y Chile).

Todos los instrumentos señalados han culminado su etapa de elaboración y han sido objeto de decisión favorable por parte de los órganos pertinentes del Mercosur, no obstante lo cual, en algún caso, como el del Acuerdo Multilateral de Seguridad Social, no se encuentra aún vigente en virtud de que no ha sido incorporado a su orden jurídico interno por todos los Estados, y por tanto no están dados los requisitos para culminar el procedimiento de aplicación simultánea.

Posteriormente, haremos referencia a proyectos de cuerpos normativos de distinta naturaleza que se encuentran en proceso de gestación en los órganos sociolaborales o sujetos a decisión de los órganos principales del Mercosur, ordenándolos de acuerdo a su relevancia.

Finalmente, en el siguiente capítulo haremos mención a las normas o proyectos de normas que refieren concretamente a la formación profesional.

2.2. Normas laborales del Mercosur

Dentro de las normas laborales que se han gestado en el Mercosur, existe una clara diferencia entre aquellas que son consagratorias de derechos: la Declaración Sociolaboral y el Acuerdo Multilateral de Seguridad Social, y aquellas que,

sin consagrar derechos, definen políticas comunes y coincidencias en el tratamiento de algunos temas sociales, como la Carta de Buenos Aires de los Jefes de
Estado del Mercosur, o la Declaración sobre Erradicación de Trabajo Infantil, que
señala la necesidad de formular políticas comunes respecto al trabajo infantil.

Lo expuesto pone de relieve la trascendencia de los contenidos de las normas del Mercosur por sobre la forma que adquieren dichos instrumentos, lo que
se desarrollará seguidamente.

2.2.1. Declaración sociolaboral del Mercosur

Gestación

La Declaración Sociolaboral del Mercosur es, sin lugar a dudas, el producto
de mayor interés en materia de armonización normativa dentro del proceso de
integración de la región; tiene enormes potencialidades para impulsar la consolidación de su dimensión social y el desarrollo futuro de políticas sociales convergentes, motivo por el cual merece un análisis especial de su proceso de gestación
y contenidos.

La Declaración fue elaborada en forma tripartita en el seno del Subgrupo N°
10 que en 1997 constituyó un Grupo *ad hoc* tripartito, con el cometido de "analizar
las diversas propuestas tendientes a la aprobación de un instrumento que con-
tenga un núcleo duro de derechos fundamentales y un mecanismo de supervi-
sión con participación de los sectores sociales".

Dicho Grupo trabajó a lo largo de casi dos años, y a fines de 1998 elaboró en
consenso un documento, que propuesto como Declaración Presidencial, fue elevado sucesivamente al GMC y al CMC y aprobado y firmado por los Jefes de
Estado de los Países Miembros como *"Declaración Sociolaboral del Mercosur"*, el 10
de diciembre de 1998.

Uno de los principales valores de esta norma es que se trata del primer instrumento de estas características –podría afirmarse que a nivel mundial– elaborado en forma totalmente tripartita, como resultado de un prolongada y compleja negociación en la que participaron Gobiernos y representantes de los
empleadores y de los trabajadores de los cuatro países integrantes del Mercosur.

Si bien el resultado obtenido puede parecer insuficiente o insatisfactorio en
cuanto a su contenido y al mecanismo de seguimiento y promoción de los derechos, y su naturaleza jurídica puede ser ambigua; debe tenerse presente que es
fruto, justamente, de un consenso, y como tal, conjuga visiones e intereses diversos, cuya principal virtud es el reconocimiento conjunto de la dimensión social

de la integración y el compromiso de fomentar y complementar gradualmente los derechos consagrados en la Declaración.

Contenido

La Declaración Sociolaboral del Mercosur consta de tres partes bien diferenciadas: un *contenido sustantivo*, esto es: los derechos y obligaciones que consagra; un *contenido instrumental*: formas y mecanismos establecidos para asegurar la efectiva vigencia de los mismos; y en tercer lugar, de otras normas contenidas mayoritariamente en su *preámbulo*, que merecen destacarse por la especial trascendencia que revisten las consideraciones y expresiones vertidas, para interpretar el real alcance de la Declaración Sociolaboral del Mercosur.

I. Contenido sustantivo: derechos y obligaciones consagrados

El contenido sustantivo específico se integra con los derechos y principios expresamente consagrados en el articulado de la Declaración Sociolaboral del Mercosur y con los compromisos asumidos por los Estados Parte al respecto e incluye: *derechos individuales, derechos colectivos y otros derechos.*

En general, en cada artículo se comienza consagrando un determinado derecho, y en un segundo inciso se establecen los compromisos o acciones que los Estados se comprometen a asumir al respecto.

En tal sentido, estas cláusulas de la Declaración referidas a derechos, implican compromisos –con diferente grado de concreción o precisión– de acción positiva por parte de los gobiernos, y por su redacción la mayoría de ellos son autoejecutables.

Derechos individuales

• No discriminación/Promoción de la igualdad. Consagra la igualdad efectiva de derechos, trato y oportunidades en el empleo y ocupación, sin distinción o exclusión por motivos de raza, nacionalidad, color, sexo, orientación sexual, edad, credo, opinión política o sindical, ideológica o cualquier otra condición social o familiar.

Seguidamente establece el compromiso de los Estados de garantizar la vigencia de este principio con acciones dirigidas a eliminar toda discriminación, en especial respecto de los grupos en situación de desventaja en el mercado de trabajo.

En artículo aparte consagra el derecho de las personas con discapacidades físicas o mentales, a ser tratadas en forma digna y no discriminatoria, favoreciéndose su inserción social y laboral; y en tal sentido establece el compromiso de los Estados de adoptar medidas efectivas relacionadas con su educación, formación, readaptación, orientación profesional y adecuación de los ambientes de trabajo y de los accesos a bienes y servicios colectivos.

Por último, en el siguiente artículo, los Estados se comprometen a garantizar, mediante la normativa y las prácticas laborales, la igualdad de trato y oportunidades entre mujeres y hombres.

• Derechos de los trabajadores migrantes y fronterizos. Establece su derecho a ayuda, información, protección e igualdad de derechos y obligaciones que los trabajadores nacionales. Los Estados Parte se comprometen a establecer normas y procedimientos comunes para la circulación de los trabajadores en zonas fronterizas así como a emprender acciones para mejorar las condiciones de trabajo, empleo y de vida de estos trabajadores.

• Eliminación del trabajo forzoso. Se establece el derecho al trabajo libre y voluntario y la supresión de toda forma de trabajo forzoso u obligatorio. A su vez los Estados asumen el compromiso de eliminar toda forma o servicio exigido a un individuo bajo la amenaza de una pena y para el cual este no se ofrece voluntariamente, y de adoptar medidas para garantizar la abolición de toda utilización de la mano de obra que propicie, autorice o tolere el trabajo forzoso u obligatorio.

• Abolición del trabajo infantil y limitación del trabajo de menores. Se establece como edad mínima de acceso al trabajo, aquella en que cesa la escolaridad obligatoria, y compromete a los Estados Parte a abolir el trabajo infantil y a elevar progresivamente la edad mínima del ingreso al trabajo.

En los incisos siguientes pone bajo la especial protección de los Estados el trabajo de los menores, en especial en lo concerniente a la edad mínima para el ingreso al mercado laboral, y otras medidas que posibiliten su pleno desarrollo físico, intelectual, profesional y moral.

Más adelante lo limita especialmente en cuanto a la extensión de la jornada, horarios y ambiente de trabajo en que puede realizarse el mismo, estableciéndole limitaciones en razón de la afectación de sus facultades físicas, mentales y morales.

• Derecho de los empleadores. Incluye el derecho a dirigir y organizar económica y técnicamente la empresa, de acuerdo a las legislaciones y prácticas nacionales. Cabe señalar que la inclusión de este artículo supone una consagración excepcional en el derecho comparado, donde los documentos sociolaborales no recogen tales derechos. Su inclusión implicó asimismo una extensa negociación donde los empleadores reivindicaban la tesis del fin social de la empresa.

Derechos colectivos

- Libertad de asociación. Consagra el derecho de empleadores y trabajadores de constituir las organizaciones que estimen conveniente y de afiliarse a las mismas, y el compromiso de los Estados de asegurar el derecho a la libre asociación y de abstenerse de cualquier acto que suponga injerencia en su creación o gestión.

- Libertad sindical. Consagra el derecho de los trabajadores a ser protegidos de todo acto que menoscabe la libertad sindical; y en especial garantizar su libertad de afiliación, no afiliación y desafiliación, su derecho a ser representados sindicalmente y a evitar despidos o perjuicios derivados de su actividad sindical.

- Negociación colectiva. Consagra el derecho de los empleadores, de sus organizaciones, y de organizaciones o representaciones de trabajadores, a negociar y celebrar convenios o acuerdos colectivos.

- Huelga. Garantiza el ejercicio del derecho de huelga a todos los trabajadores y organizaciones sindicales, estableciendo que los mecanismos de prevención o solución de conflictos no podrán impedir su ejercicio.

Estos derechos son los clásicos derechos colectivos que contiene todo instrumento sociolaboral, y si bien en su redacción se hace expresa remisión a las legislaciones y prácticas nacionales vigentes, son reconocidos con un sentido protector amplio y promocional.

- Promoción y desarrollo de procedimientos preventivos y de autocomposición de conflictos. Se consagra la obligación de los Estados de desarrollar estos procedimientos, siempre que sean independientes e imparciales y de fomentar su utilización, sin limitar el derecho a la huelga.

- Diálogo social. En este artículo se establece el compromiso de los Estados de promover la concertación social, convocando a los actores sociales regionales y nacionales a fin de que, a través del diálogo y el consenso social, se tienda al crecimiento económico con justicia social y a la mejora de las condiciones de vida de sus pueblos.

Si bien estos dos artículos son programáticos, obligan a los Estados a adoptar medidas concretas al respecto; se entendió que era necesario dar señales claras por parte de todos los sectores, de su apoyo a una sociedad basada en la negociación, la concertación y el diálogo social como forma de solucionar sus diferencias y avanzar en la consecución de una sociedad más justa y con mejores condiciones de vida y trabajo.

Otros derechos

* Fomento del empleo. Los Estados se comprometen a promover el crecimiento económico y la adopción de políticas activas para el fomento y creación del empleo con el fin de elevar el nivel de vida y corregir los desequilibrios regionales y nacionales.

* Protección de los desempleados. Los Estados Parte se comprometen a instituir, mantener y mejorar los mecanismos de protección contra el desempleo, a fin de garantizar la subsistencia del trabajador afectado y facilitarle el acceso a servicios de reubicación y a programas de recalificación profesional que faciliten su retorno a la vida productiva.

* Formación profesional y desarrollo de recursos humanos. En este artículo se reconoce expresamente a todo trabajador su derecho a la orientación, formación y capacitación profesional. El compromiso de los Estados es de constituir programas de orientación y formación profesional continua y permanente, articulándolos con los servicios públicos de empleo y protección de los desocupados y de garantizar una información adecuada, a nivel nacional y regional, sobre los mercados de trabajo.

* Salud y seguridad en el trabajo. Consagra el derecho a trabajar en un ambiente sano y seguro que preserve la salud física y mental del trabajador y estimule su desarrollo y desempeño profesional. A su vez los Estados se comprometen a formular, aplicar y actualizar en forma permanente y con la participación de los sectores sociales, políticas y programas que prevengan accidentes de trabajo y enfermedades profesionales y promuevan condiciones de trabajo adecuadas.

* Inspección del trabajo. Consagra el derecho del trabajador a gozar de una protección adecuada de sus condiciones y medio ambiente de trabajo, a cuyos efectos los Estados se comprometen a instituir y mantener servicios de inspección que garanticen los derechos laborales.

* Seguridad social. Se consagra el derecho de los trabajadores a la seguridad social, conforme a las respectivas legislaciones nacionales y los Estados asumen el compromiso de garantizar una red mínima de amparo social que proteja a sus habitantes ante la contingencia de riesgos sociales, como la enfermedad, vejez, invalidez y muerte; así como a coordinar políticas que supriman discriminaciones derivadas del origen nacional de los beneficiarios.

II. Contenido instrumental: *su mecanismo de promoción y seguimiento*

El contenido instrumental de la Declaración Sociolaboral del Mercosur, se refiere a la necesidad y compromiso de los Estados Parte de respetar los derechos fundamentales consagrados y de promover su aplicación efectiva. Con tal finalidad recomiendan instituir la Comisión Sociolaboral del Mercosur, cuyas características y cometidos básicos establece, los que posteriormente fueron recogidos en la Resolución que la institucionaliza, y en su Reglamento Regional.

Es así que, aprobada la Declaración por los Jefes de Estado de los cuatro países, por Resolución 15/99 de fecha 9 de marzo de 1999, el GMC crea la Comisión Sociolaboral del Mercosur, con las características recomendadas en la propia Declaración, de la cual ya se diera cuenta en el Capítulo II.

El Preámbulo:
la naturaleza jurídica de la Declaración Sociolaboral del Mercosur

En general, se ha señalado que del Preámbulo de la Declaración se desprende que existe una voluntad implícita –también explícita– de los Estados, de otorgarle a la Declaración Sociolaboral del Mercosur una eficacia jurídica que trasciende los compromisos ético políticos naturales a una Declaración Presidencial; que como ya se vio no encuadra dentro de ninguna de las normas obligatorias del Mercosur.

Dicho Preámbulo hace expresa referencia a "otras declaraciones, pactos, protocolos y otros tratados que *integran el patrimonio jurídico de la Humanidad*" con los cuales están comprometidos; y señalan en párrafo aparte la "Declaración de la OIT relativa a los Principios y Derechos Fundamentales en el Trabajo" (1998) que fuera apoyada por los Estados Parte, "la cual reafirma el compromiso de respetar, promover y poner en práctica los derechos y obligaciones expresados en los convenios reconocidos como fundamentales dentro y fuera de la organización".

A su vez el Preámbulo ratifica que los Estados Parte "adoptan los siguientes principios y derechos en el área del trabajo, que pasan a constituir la Declaración Sociolaboral del Mercosur, sin perjuicio de otros que la *práctica nacional o internacional de los Estados Parte haya instaurado o vaya a instaurar*".

Estas expresiones han llevado a gran parte de la doctrina a desarrollar la tesis de que la Declaración, al consagrar derechos humanos fundamentales que integran el patrimonio jurídico de la humanidad, integra el *jus cogens*, siendo en consecuencia parte del orden público internacional que los Estados no pueden derogar, y de carácter automáticamente vinculante y obligatorio.

En igual sentido, y ratificando lo anterior, se ha expresado que la Declaración, al integrarse a una serie de Declaraciones, pactos y convenciones que obligan a los Estados Parte del Mercosur sin necesidad de estar sujeta a ratificación, tiene reconocida expresamente la misma naturaleza jurídica que aquellos; y en consecuencia no requiere de acto ulterior alguno de internación o incorporación para adquirir plena eficacia jurídica.

Para la doctrina, impulsada por varios autores de la región, de las expresiones utilizadas en el Preámbulo se desprenden dos conclusiones de especial relevancia:

a) La Declaración Sociolaboral del Mercosur, sobre todo al tenor de sus considerandos, recoge y proclama la idea de que los derechos humanos fundamentales que consagra, integran el "patrimonio jurídico de la humanidad" y que por ende existe un compromiso de los Estados Parte en cuanto al cumplimiento de todos los instrumentos que componen dicho patrimonio, con independencia de su ratificación interna.

b) La Declaración tendría un contenido sustantivo ampliado mucho mayor que su contenido específico, ya que integra a todos los derechos consagrados por los Tratados, Pactos o Declaraciones sobre Derechos Humanos, a los cuales se remite y enumera en su quinto considerando, así como a los principios y/o derechos laborales que la práctica nacional o internacional haya establecido o vaya a establecer en el futuro.

Estas consideraciones elaboradas por la doctrina *a posteriori* de la Declaración, estuvieron ausentes –por lo menos en forma explícita– de las negociaciones realizadas a nivel del Subgrupo.

En las negociaciones previas, cuando se discutió la naturaleza jurídica del instrumento consagratorio de los derechos de trabajadores y empleadores en el Mercosur, se analizaron diferentes opciones:

- Elegir la forma de Tratado o Acuerdo, que recogiera una *"Carta Social de los trabajadores del Mercosur"*, que si bien era el instrumento de mayor jerarquía, tenía como inconveniente que requería de posterior ratificación legislativa y su vigencia quedaba condicionada a una decisión ulterior de órganos nacionales ajenos al Mercosur.

- Elegir la forma de Resolución emitida por el GMC o de Decisión emitida por el CMC, ambas de carácter obligatorio y sometidas directamente al sistema de solución de controversias previsto en el *Protocolo de Brasilia*.

De haberse seguido este procedimiento, la Declaración habría adquirido carácter obligatorio simultáneo al ser incorporada a sus ordenamientos jurídicos nacionales por los cuatro Estados Parte; y de existir controversias respecto a dicho instrumento se deberían seguir los procedimientos de negociación directa, intervención del GMC y en última instancia el procedimiento arbitral, con la posibilidad de "adoptarse medidas compensatorias temporarias, tales como la suspensión de concesiones u otras equivalentes, tendientes a obtener el cumplimiento". Esto se oponía a la posición adoptada por los sectores sociales de los cuatro países, que en el ámbito del Foro Consultivo Económico y Social había recomendado independizar el tema social o laboral de cualquier sanción económica o comercial.

- La otra opción era elegir un instrumento *sui generis*, no previsto dentro del orden jurídico del Mercosur, pero que tuviera un importante valor ético político. En este sentido se manejó la posibilidad de una Declaración de los Ministros de Trabajo o de los Jefes de Estado de los cuatro países.

Finalmente, se acordó, en el seno del SGT 10, que el instrumento fuera una Declaración Presidencial.

¿Cuáles fueron las razones que determinaron la elección de esa opción?

Haciendo un análisis de las consideraciones volcadas a lo largo de las complejas negociaciones y de los puntos de vista de los diferentes sectores, se puede concluir en que primaron las siguientes consideraciones:

1. En primer lugar tenía un importante *valor político y ético* al ser adoptada al más alto nivel, como Declaración solemne de los Jefes de Estado; pero además no plasmaba meros deseos o propósitos, sino que de su redacción se desprendían compromisos concretos de actuar en consecuencia a lo declarado mediante acciones positivas concretas.

2. Al no ser un instrumento susceptible de ratificación no requería incorporación posterior, era *inmediatamente aplicable* y permitía ponerse a trabajar en la instrumentación de las medidas que garantizaran su vigencia efectiva.

3. Era lo *políticamente posible* en el estado de madurez en que se encontraba el proceso de integración y era difícil, si no imposible, lograr consensos para avances más profundos.

4. Era una forma instrumental *dinámica, abierta, flexible* y más fácilmente *revisable* que un Tratado, lo que le daba una vocación de perfeccionamiento continuo acorde a la consolidación y desarrollo de los aspectos sociolaborales.

5. Lo más relevante del instrumento era el *órgano de seguimiento* y el esfuerzo tripartito y regional que se generara en ese ámbito para la efectiva consagración de los derechos plasmados en la Declaración, y para ello era indiferente que su naturaleza jurídica fuera una u otra.

6. Una experiencia gradual en otro tema de trascendente importancia –como lo es el *Compromiso Democrático* del Mercosur– había resultado exitosa. Efectivamente, el Protocolo de Ushuaia firmado en 1998 que consagra el compromiso democrático de los países del Mercosur, fue precedido por una Declaración Presidencial, firmada el 25 de junio de 1996 en Potrero de los Funes – San Luis (Argentina)– y apenas transcurridos dos años fue recogida y ampliada en su contenido por el Protocolo de Ushuaia.

7. Por último se estimó que el actual sistema de solución de controversias –que deberá revisarse al converger totalmente el arancel externo común– podría ser sustituido por la creación de un Tribunal Regional. Ese sería el momento propicio para revisar la Declaración, dotarla de un contenido más amplio, de una naturaleza jurídica definitiva y de un nuevo mecanismo de control a cargo de ese Tribunal regional.

Otras disposiciones

Las otras disposiciones generales de la Declaración Sociolaboral que merecen ser destacadas en forma especial son las establecidas en sus arts.24 y 25.

La última nombrada en consonancia con la posición del Foro Consultivo Económico y Social, estableció expresamente que la Declaración y su mecanismo de seguimiento no podrán invocarse ni utilizarse para otros fines que no estén en ella previstos, y vedada, en particular, su aplicación a cuestiones comerciales, económicas y financieras.

Con ella se pretendió impedir que existieran medidas sancionatorias de carácter económico impuestas con carácter supranacional, derivadas del incumplimiento de los derechos consagrados en la Declaración

Como puede observarse la norma plasma dos inquietudes que subyacieron en todas las negociaciones previas:

• la oportunidad temporal de establecer mecanismos supranacionales de control en temas laborales, en una etapa en que se establecía expresamente que los órganos del Mercosur tenían carácter intergubernamental y no comunitario, y

• el posicionamiento frente al tema de las cláusulas sociales.

La otra cláusula general a destacar en este capítulo es la establecida en su art.24, en cuanto reconoce expresamente el carácter dinámico y abierto de la Declaración, revisable a los dos años de su adopción, a la luz de los avances del proceso de integración y de la experiencia adquirida y acumulada en su aplicación.

Es importante señalarla especialmente, porque hubo reiteradas manifestaciones respecto a que la Declaración era una *plataforma* de salida y que la meta u objetivo final era ampliar en el futuro sus contenidos, su naturaleza jurídica o personalidad normativa y su jerarquía institucional.

De este modo se reconoció que la solución acordada en el momento era perfectible y que lo establecido era un piso mínimo armonizado de derechos laborales, de compromisos asumidos por los Estados y de mecanismos tripartitos para seguir profundizando y avanzando hacia la consolidación de una dimensión social de la integración.

2.2.2. *Acuerdo Multilateral de Seguridad Social*

Génesis

Cuando el análisis de las disimilitudes y homogeneidades de los sistemas de seguridad social, en fase de profundos cambios a nivel nacional, llevó a la conclusión de que era imposible la armonización de las normas nacionales, se resolvió elaborar un acuerdo regional de seguridad social.

El fortalecimiento del ámbito multilateral surgía como un instrumento para:

1) la generalización gradual y progresiva de los principios incorporados en los múltiples tratados bilaterales existentes entre los cuatro países del Mercosur;

2) el aseguramiento de niveles mínimos armonizados de protección en la materia;

3) el afianzamiento de mecanismos de coordinación entre los organismos competentes que garantizara en la práctica los derechos y principios consagrados;

4) el fomento de la libre circulación de los trabajadores de la región.

Luego de años de trabajo y consultas permanentes entre los países y sectores, se elaboró en forma tripartita el Acuerdo Multilateral de Seguridad Social y el Reglamento Administrativo para la Aplicación del Acuerdo, habiendo sido propuesto y aprobado el primero como un Tratado.

Contenido

Este Tratado tiene como objetivos la armonización regional de niveles mínimos de protección en materia de seguridad social y el afianzamiento de mecanismos de coordinación entre los organismos nacionales competentes que garantizara en la práctica los derechos y principios consagrados.

a. Los *derechos consagrados* a nivel regional por el Acuerdo son:

1. La igualdad de trato entre nacionales de los cuatro países en cuanto al conjunto de derechos otorgados por las normas de seguridad social, referidas a prestaciones contributivas pecuniarias y prestaciones de salud.

El reconocimiento de la igualdad de trato, supone la asimilación del extranjero al nacional en cuanto al conjunto de derecho otorgados por las normas de la seguridad social.

2. La conservación de los derechos adquiridos, garantizándose la exportación de las prestaciones generadas en el país de origen cuando el trabajador o sus derechohabientes pasan a residir en otro país de la región.

La exportación de las prestaciones generadas en el país de origen garantiza que estas no puedan ser objeto de extinción, suspensión o reducción por el cambio de residencia dentro de los países de la región.

3. La conservación de los derechos en curso de adquisición, permitiéndose al trabajador sumar los períodos trabajados sucesivamente en cualquiera de los países del Mercosur, estableciéndose que el pago de las prestaciones se dividirá entre cada país proporcionalmente a los períodos trabajados en cada uno de ellos

La totalización de los períodos computados pretende reconstruir la unidad de la carrera profesional del trabajador migrante en relación a la seguridad social, superando los obstáculos derivados de que el trabajador esté sucesivamente sujeto a diversas legislaciones.

El Acuerdo establece expresamente que los derechos reconocidos serán aplicables también a los trabajadores afiliados a regímenes de jubilaciones y pensiones de capitalización individual, a cuyos efectos los Estados deberán establecer mecanismos de transferencia de esos fondos –aun cuando sean privados– a los fines de la obtención de las prestaciones que correspondan.

b. Los *mecanismos de coordinación* establecidos refieren a:

1. La colaboración administrativa entre los organismos gestores de la seguridad social garantiza la cooperación entre los organismos gestores de la seguri-

dad social, encargados de la aplicación del Acuerdo, a efectos de facilitar y agilizar los procedimientos tendientes al cobro de las prestaciones y de asegurar algunos derechos, especialmente de carácter procedimental.

2. La creación de una Comisión Multilateral Permanente para asegurar el cumplimiento efectivo de las disposiciones contenidas en el Acuerdo, integrada hasta por tres miembros de cada Estado Parte, con cometidos de control o seguimiento, asesoramiento, propuestas de modificaciones y ampliaciones e incluso como organismo de solución de las controversias originadas en la interpretación o aplicación del Acuerdo a través de negociaciones directas.

Naturaleza jurídica y eficacia del Acuerdo

El proyecto elaborado en el seno del Subgrupo N°10 proponía su adopción mediante la forma de un Acuerdo o Tratado Multilateral, y fue aprobado como tal el 14 de diciembre de 1997 por el Consejo Mercado Común, con el compromiso de los Estados Parte de iniciar los trámites de aprobación legislativa del mismo.

Este instrumento, el primero en el tiempo tendiente a la armonización de derechos y a la coordinación de acciones en materia de seguridad social, elaborado en forma tripartita y aprobado por el órgano decisorio de mayor jerarquía del Mercosur, aún no rige como derecho objetivo obligatorio para los Estados Parte.

El Acuerdo Multilateral, por su naturaleza jurídica de Tratado y por su contenido, requiere, para su efectiva entrada en vigencia en el territorio del Mercosur, su incorporación a los ordenamientos nacionales a través de la ratificación de los cuatro Parlamentos de los países miembros.

A la fecha –ha sido ratificado sucesivamente por Uruguay, Brasil y Argentina– falta la ratificación de Paraguay para que el Acuerdo –incorporado a todos los ordenamientos jurídicos nacionales– entre en vigencia en forma simultánea en el Mercosur.

2.2.3. Declaración Presidencial sobre Erradicación del Trabajo Infantil

Génesis y contenido

En el año 2002, en oportunidad de analizarse por parte de la Comisión Sociolaboral del Mercosur el art.6 de la Declaración Sociolaboral "Trabajo infantil y de Menores", y luego de evaluar las memorias presentadas por los Estados, la citada Comisión aprobó por consenso un proyecto de Resolución que recoge los siguientes compromisos asumidos:

1) El fortalecimiento por los Estados Parte de los Planes Nacionales de Prevención y Erradicación del Trabajo Infantil, los que deberían considerar:

a) la armonización normativa en relación con los Convenios 138 y 182 de la OIT;

b) la articulación y consecuente coordinación de acciones y esfuerzos de todos los actores sociales;

c) la activa participación de las organizaciones gubernamentales con las organizaciones de trabajadores y empleadores;

d) la educación, la salud y la protección integral de los derechos de la infancia como objetivos esenciales de la erradicación del trabajo infantil;

e) la constante actualización de información, a través de encuestas, relevamientos, mapeos, que permitan periódicas y efectivas tareas de diagnóstico;

f) la permanente sensibilización y concienciación social;

g) el fortalecimiento de las redes sociales y la inmediata capacidad de respuesta a los requerimientos que la erradicación demande en cada caso concreto;

h) el fortalecimiento de los sistemas de monitoreo e inspección en el trabajo infantil;

i) la articulación de las políticas para la erradicación del trabajo infantil con el sistema educativo, de modo de garantizar la inserción escolar de las niñas y niños y su mantenimiento;

j) la garantía de que todas las políticas, programas y acciones que se implementen en materia de erradicación del trabajo infantil, cuenten con mecanismos de evaluación de impacto y resultados, a fin de posibilitar reformas o ajustes y optimizar sus resultados;

k) la incorporación de mecanismos adecuados para el logro de información vinculada al nivel de acatamiento de las normas y disposiciones en materia de trabajo infantil a efectos de contar con los insumos necesarios para optimizar la eficacia de las políticas de prevención y erradicación del trabajo infantil;

l) la adopción de mecanismos e instrumentos estadísticos homogéneos de recolección de datos sobre trabajo infantil entre los Estados Parte, que faciliten el análisis comparado de esta problemática, a los fines del diseño e implementación de políticas conjuntas.

2)   La conveniencia de incorporar la temática del trabajo infantil como contenido del Observatorio de Mercado de Trabajo del Mercosur.

Naturaleza jurídica y eficacia

La propuesta de la Comisión Sociolaboral fue analizada en la última reunión cumbre del CMC, y recogida en su totalidad en una Declaración de los Jefes de Estado de los cuatro países del Mercosur que la fundamenta en la necesidad de avanzar en la definición de políticas comunes en el ámbito de la erradicación del trabajo infantil, en consonancia con lo establecido en el art.6° de la Declaración Sociolaboral del Mercosur; y encomienda al Consejo del Mercado Común del Mercosur el seguimiento de las tareas dirigidas a la concreción de los objetivos establecidos en la misma.

Posteriormente, el propio CMC delega el seguimiento de los avances en el cumplimiento de la referida Declaración, a los dos órganos con competencia específica en el área sociolaboral: Comisión Sociolaboral y SGT 10.

Si bien esta es una Declaración de Jefes de Estado formalmente similar a la Declaración Sociolaboral del Mercosur, su contenido difiere en cuanto a que la primera establece y reconoce una serie de derechos fundamentales que integran el denominado *jus cogens*, mientras que esta Declaración sobre Trabajo Infantil contiene compromisos de los gobiernos respecto al establecimiento de medidas y acciones, tendientes a su erradicación.

2.2.4. Carta de Buenos Aires sobre compromiso social en el Mercosur, Bolivia y Chile

Génesis

La Carta de Buenos Aires, elaborada en el seno del Consejo Mercado Común, a través de su órgano auxiliar, el Foro de Consulta y Concertación Política, y aprobada en junio de 2000, es una declaración de Jefes de Estado de los países del Mercosur, Bolivia y Chile, de carácter programático.

Contenido

El citado documento refiere a las coincidencias de los seis países firmantes respecto a la necesidad de formular políticas, fomentar, fortalecer y asegurar la efectiva vigencia y cumplimiento de los compromisos que implican el mejoramiento de la calidad de vida de los habitantes de la zona ampliada, protegiendo especialmente a los más vulnerables en su acceso a la alimentación, salud, empleo, vivienda y educación.

La Carta refiere especialmente a la protección del derecho a la educación y formación profesional, las que serán analizadas en el siguiente capítulo.

Asimismo, y para dar cumplimiento a los compromisos a que refiere el instrumento, se encomienda al Foro de Consulta y Concertación Política el seguimiento de las orientaciones y líneas de acción establecidas, promoviendo la creación de reuniones de autoridades responsables en materia de desarrollo social, las que se consolidan a través del órgano Reunión de Ministros de Desarrollo Social (RMDE).

Naturaleza Jurídica y eficacia

La Carta de Buenos Aires, es asimismo una declaración de Jefes de Estado en la que se establecen compromisos de los gobiernos respecto al establecimiento de medidas y acciones tendientes a crear una región donde se promueva el desarrollo sustentable.

Reconoce explícitamente la necesidad de promover la dimensión sociolaboral del Mercosur como un componente básico del proceso de integración, y reitera la premisa de que el desarrollo económico sólo puede lograrse en un marco de justicia social, con respecto irrestricto a los derechos y libertades fundamentales.

3. NORMAS LABORALES EN PROCESO DE ELABORACIÓN

Si bien hasta la fecha las analizadas son las principales normas laborales aprobadas por los órganos decisorios del Mercosur, existen otras iniciativas tendientes a la elaboración de normas regionales dentro del Mercosur, que aún están sujetas a estudio y resolución por parte de los órganos laborales asesores o de decisión.

En primer lugar nos referiremos a las propuestas normativas ya consensuadas a nivel de los órganos laborales, que se encuentran a la espera de su aprobación por los órganos de decisión del Mercosur, fundamentalmente el GMC, que denominaremos *"consensos sociolaborales tripartitos sujetos a decisión"*.

Posteriormente realizaremos una somera referencia a otras propuestas normativas sociolaborales, que se encuentran aún a estudio por parte de los órganos sociolaborales tripartitos del Mercosur, las que denominaremos *"propuestas sociolaborales sujetas a consenso tripartito"*.

3.1. Los consensos sociolaborales tripartitos sujetos a decisión

Los órganos sociolaborales del Mercosur han consensuado una serie de propuestas al GMC, referidas a la instrumentación de medidas específicas en el área sociolaboral, a efectos de que este las apruebe.

3.1.1. Propuestas del SGT 10 elevadas al GMC

En las propuestas que el SGT 10 ha elevado al GMC es visible un proceso de profundización y retroalimentación permanente que se ha ido dando en el área laboral, a partir del impulso generado por la Declaración Sociolaboral del Mercosur, que permitió realizar un desarrollo más exhaustivo de algunos de los derechos consagrados.

En el sentido descripto se remitieron al GMC sendas recomendaciones, relacionadas con la formación profesional –que veremos en el capítulo siguiente– y la seguridad y salud en el trabajo.

En materia de *Seguridad y Salud en el Trabajo* y como un desarrollo de la Declaración Sociolaboral del Mercosur que consagra el derecho a trabajar en un ambiente laboral sano y seguro (art.7, "salud y seguridad en el trabajo"), se elaboró en forma tripartita un documento que recoge un conjunto de directrices para que orienten a nivel nacional acciones convergentes y positivas en tal área.

La propuesta establece *directrices* que operan como guía a los Estados para la adopción de políticas y programas en materia de salud y seguridad laboral, y que refieren a:

- participación de los representantes de trabajadores y empleadores en la formulación, implementación, control y evaluación periódica de un sistema nacional de seguridad y salud en el trabajo, y consulta permanente de estos en la elaboración e implementación de las políticas nacionales en la materia;

- participación de trabajadores y empleadores en el nivel de las empresas, en la prevención de accidentes y enfermedades profesionales;

- obligación de fortalecer los servicios de inspección del trabajo, para asegurar un control efectivo en la materia y posibilitarles el desempeño de sus cometidos;

- creación de servicios especializados en seguridad y salud en el trabajo;

- mecanismos de notificación de accidentes y enfermedades profesionales, que permitan la elaboración de estadísticas anuales de acceso público;

- creación de controles adecuados para sustancias, procedimientos y tecnologías que sean riesgosas para la salud;

- establecimiento de garantías para la fabricación, uso y cesión de tecnologías y equipos seguros;

- priorización de medidas de protección de carácter colectivo, sin perjuicio de proporcionar, además, cuando fuere necesario, equipos de protección individual adecuados;

- derecho de trabajadores, empleadores y especialistas, de acceder a información, orientación, educación y formación en materia de salud y seguridad en el trabajo;

- derecho de los trabajadores a recibir información adecuada sobre los riesgos presentes en los diversos procesos de trabajo y las medidas adoptadas para su control;

- derecho del trabajador a rehusarse a trabajar ante un riesgo grave e inminente;

- cumplimiento por todas las empresas, sean de la región o extranjeras, de las normas nacionales sobre prevención de riesgos laborales, sin perjuicio de procurar que estas últimas apliquen estándares superiores que provengan de sus casas matrices.

El documento fue concebido para que los órganos de decisión del Mercosur lo aprobaran como una Declaración de los Jefes de Estado, de la misma naturaleza que la Declaración Sociolaboral del Mercosur.

Esta iniciativa del SGT 10, si bien innovadora en la forma de encarar los trabajos hacia una integración armónica de las políticas en materia sociolaboral, no tuvo –hasta el momento– eco en el GMC, que simplemente la recibió con beneplácito y la tuvo presente.

Atento a la referida situación, el SGT 10 en su reunión de mayo de 2003 resolvió adecuar la redacción del documento y proponer que el mismo sea considerado nuevamente por el GMC a efectos de que lo adopte como resolución vinculante para los Estados Parte.

3.1.2. *Propuestas de la CSL elevadas al GMC*

Las propuestas elevadas por la Comisión Sociolaboral al GMC refieren fundamentalmente a los derechos relacionados con las primeras memorias analizadas: la Memoria sobre el art.3°: Promoción de la Igualdad entre Mujeres y Hombres; sobre el art.16°: Formación Profesional Memoria; sobre el art.14°: Fomento del Empleo; y sobre el art.6°: Trabajo Infantil y de Menores.

La propuesta referida al derecho a la formación profesional (art.16) será analizada en el capítulo siguiente y la referida a trabajo infantil y de menores (art.6) ya fue mencionada en el ítem anterior, en virtud de haber sido ya aprobada por parte del GMC.

Con respecto a la *Promoción de la Igualdad entre Mujeres y Hombres*, la Comisión Sociolaboral del Mercosur en el año 2001 elevó al GMC un proyecto de recomendación exhortando a los Estados Parte a la realización de acciones preventivas, educativas, de difusión y de relevamiento de la información relativa al derecho a la igualdad; y a incorporar las referidas acciones dentro de los objetivos de los Ministerios de Trabajo, en los ámbitos que se consideren más adecuados y garantizando la participación tripartita.

En cuanto al *Fomento del Empleo*, se llevó a cabo una primera discusión de las memorias en el año 2001; si bien existieron visiones diversas respecto al impacto que había tenido el proceso de integración sobre la situación del empleo en la región, se enfatizó en que el proceso de integración regional debía ser un factor de promoción del empleo, elevándose a tal efecto al GMC, un proyecto de resolución que recoge la inquietud por la actual situación en lo referente al empleo informal, subempleo y desempleo.

El proyecto de resolución elevado al GMC recomienda a los Estados Partes la adopción de políticas activas de empleo sistemáticas y generales que tiendan a solucionar las dificultades referidas al desempleo, calidad del empleo, trabajo no registrado y subempleo.

Ninguna de las dos propuestas reseñadas ha tenido –hasta la fecha– tratamiento por parte del GMC.

En la segunda discusión de la Memoria sobre Fomento del Empleo realizada en el mes de mayo de 2003, la preocupación por la situación del empleo en la región volvió a ponerse de manifiesto, resolviéndose que el tratamiento de esta

Memoria sería de *carácter permanente*. A los efectos señalados, se elevó una propuesta de Resolución al GMC –que este tratará en su próxima reunión a realizarse en junio de 2003– donde se acordó recomendar a los Estados Parte que la cuestión del empleo se mantenga con carácter prioritario en todas las instancias institucionales cuyas decisiones tengan vinculación o repercusiones sobre el empleo. Asimismo la propuesta recomienda instruir expresamente en igual sentido a todos los órganos auxiliares del GMC.

Por último, se propuso que el GMC aprobara la realización de una *"Conferencia Regional de Empleo"*, con la participación de los órganos sociolaborales y todas las instituciones del Mercosur vinculadas, directa o indirectamente, con el empleo. La propuesta fija como fecha de realización el 26 de marzo de 2004, en oportunidad del 13° aniversario del Tratado de Asunción, asumiendo la propia Comisión Sociolaboral del Mercosur, la elaboración del programa y contenido del Evento.

El objetivo de estas propuestas es colocar al empleo en el centro de todas las negociaciones que se realicen en el ámbito institucional del Mercosur, para prever las repercusiones que puedan tener sobre el empleo las decisiones que se adopten en materia productiva, comercial y económica.

(Nota: Las referidas propuestas fueron aprobadas por el GMC y el CMC en Resolución N° 11/03 de 12/6/03 y Recomendación N° 2/03 de 17/6/03, respectivamente; recogiendo ambas decisiones –que se incluyen en el Capítulo de Anexos– el carácter prioritario del empleo).

3.2. Las propuestas sociolaborales sujetas a consenso tripartito

Una de estas iniciativas es una *propuesta concreta para regular la libre circulación de trabajadores*, a regir una vez alcanzada la conformación del mercado común.

La propuesta realizada en el ámbito del antiguo SGT N°11, al inicio del proceso de integración, fue evaluada positivamente por los sectores sociales y delegados gubernamentales del Subgrupo y objeto de sucesivas actividades tendientes a obtener consensos para elevar una Recomendación al GMC a efectos de su aprobación como Protocolo o Tratado que regulara la libre circulación de trabajadores.

Sin embargo, un instrumento de esta naturaleza parecía no adecuarse aún a la etapa de la integración en que se encontraba el Mercosur, con avances y retrocesos continuos en los otros ámbitos de negociación, por lo cual no hubo consenso final para su elevación al GMC; sin perjuicio de haber quedado reservado el documento para un nuevo análisis en fecha posterior.

En un sentido similar, pero acotado a la *regulación de las migraciones de los trabajadores fronterizos,* existen algunos proyectos aún a estudio, que han quedado condicionados a trabajos previos de investigación de las realidades en las zonas de frontera bilateral.

En la actualidad estos proyectos readquieren actualidad, en función de la creación de un "Grupo *ad hoc* sobre Integración Fronteriza" con el objetivo de elaborar propuestas de instrumentos normativos que tiendan a impulsar la integración en las comunidades de frontera. Este Grupo creado por Resolución del GMC N° 5/02, es coordinado por los Ministerios de Relaciones Exteriores y si bien no está integrado por representantes del SGT 10, este solicitó al GMC su participación en las áreas relacionadas con temas laborales y educacionales.

Por su parte el SGT 10 ante un nuevo panorama de la integración, y los avances antes mencionados, ha retomado en el año 2003, el análisis de un marco regulatorio regional sobre libre circulación de trabajadores.

4. LA AUTONOMÍA COLECTIVA REGIONAL

El derecho laboral tiene la peculiaridad de que sus normas no solo provienen de los órganos con competencia jurídica al respecto sino también a partir de construcciones consensuales de los actores sociales.

A nivel de la actividad de los órganos sociolaborales del Mercosur, los avances en lo que refiere a la armonización del derecho colectivo del trabajo, se han visto dificultades provenientes –fundamentalmente– por las diferencias en las regulaciones y en la práctica de los países parte, y en especial por el régimen vigente en el Uruguay, que carece de regulación heterónoma y ha priorizado la autonomía colectiva para la solución de controversias y la construcción del derecho colectivo del trabajo.

Tampoco obtuvo consenso la proposición de consagrar expresamente el derecho a la negociación colectiva supranacional como uno de los derechos a incluir en la Declaración Sociolaboral, ni tampoco prosperó una propuesta de la Comisión 7 del antiguo SGT 11 sobre negociación colectiva sectorial en el transporte marítimo regional.

Por tanto, en el Mercosur no hay normas que regulen y garanticen expresamente la posibilidad de negociar colectivamente a nivel regional, –la que tampoco está prohibida– lo que no obsta que en el ámbito espacial del Tratado se hayan producido acuerdos entre empleadores y trabajadores que exceden el marco territorial de los Estados.

Es así, que se han concretado algunos convenios colectivos, a los que se hará mención más adelante, uno de los cuales, el de la VW, por su relevancia y contenido, amerita un desarrollo especial que se efectuará al referirnos específicamente al diálogo social en la formación profesional.

Efectuado el recorrido de las normas laborales o aquellas con contenidos afines, corresponde introducirnos con mayor profundidad en las elaboraciones del Mercosur sociolaboral respecto al tema de la formación profesional; tema que –en razón de la variada dimensionalidad e intereses que conjuga– ha sido el que ha tenido más consensos tripartitos, y por ende el que ha logrado la formulación de mayor cantidad de normas, las que describiremos en el siguiente Capítulo.

CAPÍTULO IV

LA PRESENCIA DE LA FORMACIÓN PROFESIONAL EN EL MERCOSUR

A lo largo de todo este proceso de conformación de la dimensión sociolaboral del Mercosur, la formación profesional ha estado presente en la agenda de todas las instituciones laborales mencionadas, lo que demuestra su reconocimiento como elemento clave para el desarrollo e inserción de la región en el exigente contexto de una economía abierta y globalizada y de una sociedad de la información y del conocimiento.

Sin embargo, existe un **punto de inflexión** que marca de alguna manera el antes y el después de la formación profesional en el Mercosur, que es la Declaración Sociolaboral del Mercosur, que signada por los cuatro Jefes de Estado el día 10 de diciembre de 1998, da un nuevo impulso al tratamiento de la formación profesional, el que había tenido un corte abrupto a partir de 1995.

La Declaración Sociolaboral no solo consagró el derecho a la formación profesional, sino que determinó la creación de un organismo y de un procedimiento de seguimiento y promoción para la mejora de la eficacia y aplicación real de los derechos consagrados.

Es entonces de especial trascendencia, no solo porque incluye la formación profesional dentro del piso mínimo de derechos laborales comunes a la región sino porque es la génesis o el impulso para una serie de actividades de sus órganos laborales que van conformando una visión regional sobre el tema y un tratamiento integral del mismo.

1. LA FORMACIÓN PROFESIONAL ANTES DE LA DECLARACIÓN SOCIOLABORAL

1.1. En el Subgrupo de Trabajo N°11

Al constituirse el primigenio Subgrupo de Trabajo N°11 en diciembre de 1991 con la Resolución N°11/91 del Grupo Mercado Común, se procedió a establecer su agenda de trabajo y a determinar las diferentes áreas temáticas que serían objeto de tratamiento por sus diversas Comisiones.

La formación profesional fue incluida en dicha agenda, dado el consenso de sus integrantes en cuanto a la relevancia de formación en la formulación y puesta en marcha de políticas activas de empleo en particular, y políticas laborales en general; y en virtud además de la solicitud expresa del Grupo Mercado Común, quien había manifestado en la misma que la creación de empleo productivo era uno de los principales objetivos regionales y que la atención de las necesidades de formación profesional era prioritaria para la competitividad de las empresas y de la región.

Un factor externo que alentó la temprana inclusión de la formación profesional en la Agenda del Mercosur fue un Seminario convocado por el Ministerio de Trabajo y Seguridad Social de España y la Oficina Internacional del Trabajo, realizado en Madrid a fines de 1991 y denominado "El Mercado Común del Sur (Mercosur) hacia una armonización de las políticas y estrategias de formación profesional para el empleo", donde participaran integrantes de los Ministerios de Trabajo, de los sectores sociales y de las instituciones de formación profesional de los países del Mercosur y de España. En dicho seminario se estableció la necesidad de crear un ámbito en el Mercosur para el tratamiento de la formación profesional, la educación y el empleo, por entender que ello constituía parte de las estrategias de desarrollo de la integración.

El tratamiento de los temas de Formación Profesional y reconocimiento de aptitudes profesionales fue asignado a la Comisión Temática N°4 del SGT 11 que se abocó, desde su primera reunión en junio de 1992, y de acuerdo al Cronograma de Las Leñas, a los siguientes objetivos:

a) Elaboración de un diagnóstico de la oferta y demanda de formación profesional en la región, y un análisis comparativo de las situaciones nacionales con miras a detectar sus principales asimetrías y efectuar propuestas al GMC. Este objetivo apuntaba prioritariamente a conocer las carencias y fortalezas de cada sistema a efectos de mejorar y complementar las ofertas de formación profesional de la región, evitar la duplicación de esfuerzos y permitir que los trabajadores de la misma pudieran beneficiarse de los conocimientos impartidos en los centros de capacitación de la región, con independencia de su nacionalidad; así como facilitar el intercambio de información y el diseño de políticas.

b) Actividades focalizadas a la articulación de sus actividades con otros ámbitos del Mercosur, en especial con los Subgrupos 7 (Políticas Industriales) y 8 (Políticas Agrícolas), con las cuales se buscaba conocer y evaluar el nivel de integración entre los distintos sectores productivos para determinar cuáles deberían ser los sectores a priorizar en el diagnóstico, y diseñar mecanismos de coordinación de políticas económicas, sociales y de formación profesional destinadas a la reconversión laboral de los desocupados o subocupados como consecuencia de las asimetrías existentes entre los países, para posibilitar su inserción laboral y diseñar programas que operasen preventivamente.

A tales efectos se propuso al GMC que en todos los acuerdos sectoriales que se firmaran en el marco del Mercosur, se incluyera un capítulo sobre requerimientos de calificaciones, reconversión de mano de obra y criterios sobre programas de formación profesional, con el objeto de encarar acciones en los países miembros destinadas a garantizar niveles de pertinencia y calidad de la mano de obra y prevenir el desempleo.

En idéntico sentido se trabajó con los responsables de los acuerdos firmados por los Ministros de Educación, en los aspectos vinculados con el Plan Trienal para el Sector Educación del Mercosur.

c) Para llevar adelante las tareas propuestas, parte de las actividades de la Comisión estuvieron encaminadas al diseño e implementación de tres proyectos: reconocimiento y equivalencia de calificaciones ocupacionales en el Mercosur; creación de un sistema de información sobre formación profesional; y desarrollo de un sistema de cooperación horizontal sobre formación profesional en el ámbito del Mercosur.

Estos proyectos no fueron aprobados por el GMC, quien en este período focalizó la cooperación internacional en las áreas aduaneras y comerciales, lo que frustró toda posibilidad de realizar avances sustantivos al respecto, aunque entendemos que algunos de ellas fueron muy interesantes y podrían ser retomados en la agenda futura del Mercosur.

1.2. En el Subgrupo de Trabajo 10

En este estado de avance se llegó a fines de 1994 y firmado el Protocolo de Ouro Preto, el Subgrupo 11 fue reconstituido como el actual Subgrupo de Trabajo Nº 10 y comenzó a trabajar con sus nuevas tres Comisiones rediseñando sus estrategias y líneas de acción.

Si bien la pauta negociadora aprobada para el área laboral fue muy amplia porque estratégicamente se entendió que no podían suprimirse ninguno de los temas que habían estado en algún momento en la Agenda del Subgrupo, este internamente priorizó cronológicamente aquellos a tratar en el corto plazo por cada Comisión, buscando obtener resultados que permitieran la consolidación de su incipiente dimensión social.

La nueva estrategia obedecía a la necesidad de dar señales que ratificaran, por una parte, el interés real de los gobiernos y actores sociales en avanzar en la consolidación de la dimensión social de la integración; y por otra parte, demostrar que el trabajo tripartito y el logro de consensos, aunque difícil, lento y engorroso, es fructífero y permite avances que garantizan un amplio apoyo y compromiso social.

También era importante obtener resultados concretos que incentivaran y alentaran futuras acciones, porque se percibía cierto desaliento ante la falta de productos visibles.

Esta estrategia, si bien obtuvo resultados alentadores, como la redacción consensuada de la Declaración Sociolaboral y del Acuerdo Multilateral de Seguridad Social, así como de acciones de coordinación en materia de inspecciones de trabajo, en lo que hace a la formación profesional, originó un largo período de suspensión del tratamiento del tema.

Ello fue así porque dentro del ámbito de la Comisión Temática NºII se priorizó en el tiempo el tema empleo, y dentro de este, la implementación de un Observatorio de Mercado de Trabajo de carácter regional, que fue considerado como un paso previo necesario para la futura coordinación o armonización de acciones en materia de empleo y formación profesional.

La formación profesional quedó entonces como uno de los temas de la Comisión Temática II de Empleo, Migraciones y Formación Profesional, con el cometido básico de realizar tareas de coordinación para la convergencia de las políticas nacionales en la materia, pero sin avances concretos hasta 1999.

Conforme a lo expresado, entre 1996 y 1998 se priorizaron los trabajos relacionados con la puesta en funcionamiento del Observatorio de Mercado de Trabajo y se incluyó en su agenda el tema de la implementación de un sistema de certificación ocupacional a efectos de reconocer competencias formales e informales, que tuvo avances moderados.

El tratamiento de la formación profesional se retoma entonces, en la Comisión Temática II, una vez suscrita la Declaración Sociolaboral, elaborándose, a partir de la misma, determinados productos o insumos como el Repertorio de Recomendaciones Prácticas, la matriz de formación profesional, el Glosario de términos vinculados con el tema y algunos documentos sobre Competencias Laborales.

2. LA FORMACIÓN PROFESIONAL EN LA DECLARACIÓN SOCIOLABORAL DEL MERCOSUR

La formación profesional tiene un papel destacado en la Declaración Sociolaboral del Mercosur, donde podemos detectar su acogimiento en tres referencias concretas y dos implícitas, que la señalan desde sus diferentes perspectivas: como derecho fundamental de los trabajadores y como elemento clave de las políticas activas de empleo, y que suponen un esfuerzo por plasmar en la Declaración, normas que promuevan en la región el establecimiento del trabajo decente a través de los cuatro objetivos estratégicos identificados a esos fines por la OIT.

Haciendo un análisis desde los enfoques señalados, la primera perspectiva –como *derecho humano fundamental*– está prevista en el inciso 1º de su art.16, donde la Declaración Sociolaboral consagra el derecho a la formación profesional como uno de los derechos fundamentales de los trabajadores.

Así, establece que *"todo trabajador tiene derecho a la orientación, a la formación y a la capacitación profesional"*, en consonancia con las disposiciones de diversos instrumentos internacionales, americanos, regionales y nacionales de rango constitucional, tales como la Declaración de Filadelfia, la Declaración Universal de los Derechos Humanos de 1948, la Declaración Americana de los Derechos Humanos de 1948, el Pacto Internacional de Derechos Económicos, Sociales y Culturales de 1966, el Protocolo de San Salvador de 1988, la Carta Social Europea de l961, la Carta de Derechos Sociales Fundamentales de los Trabajadores de l989 y la Carta de Derechos Fundamentales de la Unión Europea de 2000, etcétera.

Específicamente, las disposiciones de la Declaración Sociolaboral se encuentran en consonancia con el Convenio Internacional del Trabajo Nº142 sobre "Desarrollo de los Recursos Humanos" que establece el derecho de las personas a desarrollar y utilizar sus aptitudes para el trabajo en su propio interés y de acuerdo con sus aspiraciones; así como la obligación de los Estados de establecer sistemas de enseñanza, orientación, incluida la información permanente sobre el empleo y formación profesional. También la Declaración Sociolaboral armoniza con la Recomendación 150 de la OIT de l975 sobre Desarrollo de los Recursos Humanos y la Resolución del mismo nombre adoptada posteriormente, en la 88ª Conferencia General de la OIT del año 2000.

En la segunda perspectiva, como instrumento fundamental de las *políticas activas de empleo* y factor indispensable para dar respuesta a las nuevas demandas y requerimientos del mercado de trabajo; permitiendo a los trabajadores mejorar su empleabilidad a través de la obtención de las calificaciones exigidas para el desempeño de una actividad productiva, y del perfeccionamiento y reconversión de sus conocimientos y habilidades; la formación profesional está prevista en los incisos siguientes del citado art.16 que establecen los compromisos o programas que los Estados se obligan a asumir.

Así, se establecen las obligaciones estatales de: a) instituir servicios y programas de formación y orientación profesional continua y permanente; b) promover la articulación de los programas y servicios de orientación y formación profesional con los servicios públicos de empleo y de protección de los desocupados, con el objetivo de mejorar las condiciones de inserción laboral; y c) garantizar la efectiva información nacional y regional sobre las necesidades o excesos de disponibilidad de mano de obra.

Si analizamos a la Declaración Sociolaboral desde el enfoque del *trabajo decente*, entendido como "trabajo productivo en condiciones de libertad, equidad, seguridad y dignidad, en el cual los derechos son protegidos y cuenta con remuneración adecuada y protección social", al decir del Director General de la OIT, Juan Somavía, la misma se armoniza con tal concepción, conteniendo disposiciones que claramente promocionan el trabajo decente.

La concepción de trabajo decente promovida por la OIT y que implica una definición en construcción, abierta, dinámica y de alto contenido ético, es desarrollada a partir de cuatro objetivos básicos: la promoción de los derechos laborales, la promoción del empleo, la protección social y el fomento del diálogo social. La formación profesional como *requisito y componente ineludible* de tales objetivos, se encuentra consagrada en diversas disposiciones de la Declaración Sociolaboral, colaborando con ello en la determinación y desarrollo del trabajo decente en la región.

a. El papel de la formación profesional en la *promoción de los derechos laborales* se encuentra reconocido ampliamente en el 1er literal del art.16 citado, que consagra el derecho a nivel regional, y en el art.2, sobre promoción de la igualdad, que prevé el compromiso estatal de "*adoptar medidas efectivas, especialmente en lo que se refiere a la educación, formación, readaptación y orientación profesional*" de las personas con discapacidades físicas o mentales. Ratificando que el acceso a la educación y a la formación son factores determinantes para combatir la discriminación y que una promoción de la igualdad real supone medidas compensatorias para los objetivos más vulnerables frente al mercado de trabajo.

Como se ha expresado, la formación profesional es un derecho fundamental, pero al mismo tiempo es un instrumento que facilita y a veces condiciona la realización de otros derechos fundamentales, incluido el propio derecho al trabajo.

b. Los vínculos de la formación profesional con la **promoción del empleo** en condiciones dignas, están previstos en el art.16 literales 2 y 3 citados; e indirectamente en el art.14, al establecerse el compromiso de los Estados de *"poner en práctica políticas activas referentes al fomento y creación del empleo, a fin de elevar el nivel de vida y corregir los desequilibrios sociales y regionales".*

c. El papel de la formación profesional como instrumento de **protección social** está previsto en el art.15, sobre protección contra el desempleo, al incluir entre los compromisos estatales, el de facilitar a los desocupados *"el acceso a servicios de reubicación y a programas de recalificación profesional que faciliten su retorno a una actividad productiva".*

d. La incidencia de la formación profesional en el fomento del **diálogo social** se encuentra contemplada en el art.16, al establecer el compromiso de los Estados de instituir *"con las entidades involucradas que voluntariamente así lo deseen, servicios y programas de formación y orientación profesional continua y permanente"*, redacción un tanto elíptica que se dio a dicho artículo a efectos de zanjar discusiones en relación con la existencia o no de un deber de formar profesionalmente por parte de los empleadores, pero habilitando la participación de los sectores que así quisieran hacerlo en forma voluntaria. El diálogo social que en el ámbito laboral se consolida con la participación tripartita de empleadores, trabajadores y gobierno se consagra asimismo en el art.13, específico sobre diálogo social e ínsitamente en el art.10, que consagra la negociación colectiva como derecho de las organizaciones de trabajadores y empleadores.

3. LA FORMACIÓN PROFESIONAL A PARTIR DE LA DECLARACIÓN SOCIOLABORAL DEL MERCOSUR: NUEVOS DESARROLLOS NORMATIVOS

Una vez consagrado el derecho a la formación profesional, los órganos laborales del Mercosur, como se verá seguidamente, retoman el tema en sus tres dimensiones: como derecho humano fundamental, como instrumento de las políticas activas de empleo y como promotor del trabajo decente.

La formación profesional reaparece con gran vigor en la agenda del Subgrupo N°10, y creada la Comisión Sociolaboral del Mercosur, es tema de tratamiento prioritario dentro de su ámbito, siendo el eje de negociaciones que rápidamente obtienen consensos regionales tripartitos y se concretan en los dos cuerpos normativos que se analizarán a continuación: la Recomendación N°59/01 del GMC, dictada a propuesta de la Comisión Sociolaboral y el Repertorio de Recomendaciones Prácticas sobre Formación Profesional, elevado al GMC por el SGT 10.

3.1 La formación profesional en el pronunciamiento de la Comisión Sociolaboral del Mercosur

Antecedentes

Creada en 1999 como órgano encargado del seguimiento y promoción de los derechos consagrados en la Declaración Sociolaboral del Mercosur, la Comisión sociolaboral acuerda un procedimiento idóneo a esos fines que se basa en la *elaboración y examen de Memorias* que supone tres instancias de participación de los actores sociales.

Así las Memorias de cada país elaboradas por los Ministerios de Trabajo en consulta con las organizaciones más representativas de empleadores y trabajadores, posteriormente son sometidas a un doble examen tripartito.

El primer examen se realiza en el ámbito de cada Comisión Nacional, confeccionándose un informe evaluatorio de la Memoria y elevándose ambos a la Comisión Regional. En el seno de este último órgano se procede a realizar un segundo examen de las cuatro Memorias y un nuevo informe evaluatorio del estado de aplicación del derecho a nivel regional y se eleva al GMC acompañado con propuestas de recomendaciones, planes y programas de acción para el futuro.

A efectos de facilitar la elaboración de las Memorias y lograr que la información proporcionada por los cuatro países fuera similar y comparable en cantidad y calidad, la Comisión Sociolaboral acordó previamente confeccionar un *formulario tipo* para las mismas.

Con el mismo objetivo se acordó tripartitamente un *procedimiento tipo* de elaboración de Memorias, donde se interpretaron las expresiones utilizadas en los formularios, aclarándose el sentido de términos que podían inducir a equívocos, tales como: aspectos legales y normativos, nivel de aplicación legal, prácticas sociales, estudios en profundidad, políticas y líneas de acción.

Por último, la Comisión procedió a elegir los primeros derechos a ser objeto de Memorias, dentro de los cuales estaban incluidas las Memorias de Formación Profesional (art.16) y de dos temas estrechamente vinculados con ella como es el Fomento del Empleo (art.14) y el Diálogo Social (art.13), además de las Memorias de Igualdad entre mujeres y hombres (art.3) y de Trabajo infantil y de menores (art.6).

En el año 2001, los Ministerios de Trabajo de cada uno de los Estados Parte, en consulta con las organizaciones más representativas de trabajadores y empleadores, elaboraron la primera Memoria sobre formación profesional que fue presentada a la Comisión Sociolaboral Nacional de su respectivo país y luego remitida –conjuntamente con el informe evaluatorio– a la Comisión Sociolaboral Regional y a las restantes Comisiones Nacionales.

En la reunión de noviembre de 2001 la Comisión Sociolaboral Regional procedió al estudio y análisis de la memoria. Hizo a su vez un informe evaluatorio con enfoque regional del cumplimiento del derecho a la formación profesional y propuso recomendaciones para fomentar el cumplimiento del mismo y su plena aplicación.

Memoria sobre el art. 16º: Formación Profesional

Las primeras Memorias nacionales sobre el art.16, como lo dispone la propia Declaración, realizan un diagnóstico exhaustivo de la realidad de cada uno de los países integrantes del Mercosur en materia de formación profesional, relevando:

a. la situación normativa donde se hace un inventario de todas las disposiciones constitucionales, legales y reglamentarias nacionales, así como los Tratados Internacionales y los Convenios Internacionales del Trabajo ratificados por cada país;

b. la situación práctica en la materia, que incluye las diversas políticas y programas de formación profesional que se han diseñado y puesto en práctica en los países, y los agentes públicos y privados que han desarrollado los mismos, con especial énfasis en aquellos donde participan los Ministerios de Trabajo y Educación. En este capítulo se detallaron las fuentes de financiamiento, las poblaciones objetivos a los que se dirigían los programas y cuando existían, las mediciones de impacto de la formación profesional sobre la empleabilidad de los trabajadores;

c. la situación institucional: instituciones públicas y privadas con injerencia y participación en la formación profesional y sus articulaciones;

d. las iniciativas encaminadas a la certificación de estudios y validación de títulos o competencias laborales;

e. las relaciones y articulaciones de las políticas de formación profesional con el empleo y la economía, así como con los servicios públicos de empleo y de protección a los desempleados y los servicios de información sobre mercado de trabajo.

f. las informaciones estadísticas y estudios cualitativos de interés que existieran sobre la materia;

g. las dificultades encontradas por cada país para dar cumplimiento a la norma regional sobre formación profesional;

h. las consultas realizadas a las organizaciones de trabajadores y empleadores.

El informe evaluatorio

La presentación del informe regional sobre el estado de cumplimiento de este derecho estuvo a cargo de la delegación gubernamental de Brasil, que realizó un documento consolidado, en el que incluyó un resumen de las memorias nacionales y una evaluación conjunta de las mismas; rescatando especialmente los avances y carencias sobre el tema en la región y haciendo una serie de propuestas al respecto.

Como factores positivos se señaló especialmente la asignación –por parte de algunos países– de recursos permanentes y genuinos destinados a la capacitación de los trabajadores con dificultades de inserción laboral, así como la institucionalización de ámbitos tripartitos para asesorar en la materia, y en algunos casos, incluso administrar los mencionados fondos.

Se percibe como alentadora la tendencia –bastante definida– hacia la focalización de los planes y programas de formación profesional para colectivos concretos con mayores dificultades en el acceso al mercado de trabajo (mujeres, jóvenes, discapacitados, desempleados, rurales) lo que supone acciones positivas para consagrar la igualdad de oportunidades y de trato en materia de obtención y mantenimiento del empleo.

Otra tendencia positiva relevada es la referida a la descentralización de los programas y acciones promovidas, tanto en lo que refiere a una gestión externa de los mismos, como en lo que respecta a una administración atenta a la problemática local. En este sentido se enfatizó asimismo, la relevancia de visualizar globalmente las diferentes acciones y enmarcarlas en políticas públicas coordinadas.

En igual sentido se destacó la creciente participación de los sectores sociales en el diseño, implementación e incluso administración de recursos destinados a planes y programas de formación profesional; y se señaló la clara tendencia regional a asignar cada vez mayores competencias a las administraciones de trabajo en la materia.

En el caso de Uruguay, se destacó la existencia de un sistema de medición del impacto de la capacitación, en la empleabilidad de los trabajadores.

Paralelamente se constatan dificultades en relación con las políticas de formación profesional aplicadas en los países, fundamentalmente referidas a la carencia de una visión sistémica e integral de la misma.

El informe evaluatorio plantea la importancia que tiene para los países de la región la construcción y fortalecimiento de los sistemas de formación profesional, independientemente de la existencia de disposiciones normativas y del estado de desarrollo de los sistemas.

La evaluación señala que la arquitectura de un sistema de formación profesional se asienta en la articulación entre políticas, programas y acciones, en la sinergia de la red de agentes y en la capacidad de respuesta de la formación profesional a los requerimientos de la producción y del trabajo; y en tal sentido sugiere, que además de los esfuerzos individuales o colectivos de los países de la región, de acuerdo a sus condiciones o posibilidades, podrían utilizarse para la tarea de desarrollar los sistemas, la capacidad y recursos de la Comisión Temática II del Subgrupo N°10, la cual se encontraba abocada a la discusión y validación de conceptos, metodologías y procedimientos de los sistemas nacionales de formación profesional.

La Recomendación elevada al GMC

Luego de deliberar extensamente sobre el tema, la Comisión Sociolaboral dio su consenso a la formulación de una recomendación donde se incluyen los siguientes puntos:

1) Recomendar a los Estados Parte el desarrollo de acciones tendientes a construir una visión integral y sistémica de la formación profesional, con participación de las organizaciones más representativas de trabajadores y empleadores.

2) Esos sistemas o redes nacionales deberían incluir:

   • la articulación de las acciones públicas y privadas de la formación profesional con los programas y servicios de empleo, orientación laboral y protección a los desempleados;

   • la construcción de sinergias entre las instancias gubernamentales, las organizaciones de trabajadores y empleadores, y con los diversos actores de la capacitación;

- la capacidad de respuesta a los requerimientos de la producción, del trabajo y de la mejora de la calidad de vida de las personas.

3) Integrar la formación profesional a las políticas activas de empleo, a fin de facilitar a las personas el acceso a un trabajo decente, ya sea dependiente o propio, a través de una iniciativa empresarial formal.

4) Articular la formación profesional con el sistema educativo para posibilitar la actualización y el reconocimiento de las calificaciones y conocimientos, con independencia de su forma de adquisición.

5) Garantizar que las políticas, programas y acciones que se implementen a través del sistema o red a crear, cuenten con una evaluación de su impacto a efectos de optimizar sus resultados.

6) Prever los mecanismos adecuados a efectos de obtener información sobre oferta y demanda de calificaciones que permita mejorar la pertinencia de las políticas de formación profesional.

La propuesta de recomendación formulada durante la reunión respecto al derecho a la formación profesional se elevó posteriormente, al Grupo Mercado Común, órgano principal del Mercosur del que depende la Comisión Sociolaboral, el cual como órgano con potestades decisorias tenía la facultad de recoger las propuestas en Resoluciones que son –en principio– obligatorias para los Estados Parte, y por tanto sujetas a lo establecido en el Protocolo de Solución de Controversias del Mercosur.

La Resolución 59/01 del GMC

El GMC recibió el proyecto de recomendación respecto a la formación profesional, aprobándolo en forma inmediata y recogiendo la propuesta tripartita en su totalidad, en la *Resolución 59/01 del 5 de diciembre de 2001.*

3.2. La formación profesional en el pronunciamiento del SGT N° 10

3.2.1. *El Repertorio de Recomendaciones Prácticas de Formación Profesional*

Génesis

Luego de la aprobación de la Declaración Sociolaboral del Mercosur, el Subgrupo N° 10 modificó algunas de sus líneas de trabajo, a impulso, o como respuesta a los desafíos que planteaba este instrumento regional consagratorio de derechos.

En tal sentido las Comisiones del Subgrupo reorganizaron sus prioridades, buscando desarrollar los contenidos básicos o esenciales de la Declaración, mediante la instrumentación de pautas o recomendaciones consensuadas a nivel regional, que guiaran la adopción por cada Estado, de normativas o políticas específicas que hicieran realidad en cada país los derechos laborales fundamentales.

Tomando entonces como fuente a la Declaración Sociolaboral del Mercosur que consagra el derecho a la formación profesional, el SGT 10 resolvió –considerando que todos los países a través de sistemas nacionales diversos deben responder a similares desafíos– *armonizar a nivel regional, determinados principios básicos de la formación profesional que orienten el diseño de acciones nacionales en la materia, con miras de alcanzar una armonización respecto a algunos criterios rectores.*

Sobre la base de esta línea de trabajo nueva, acordada en mayo del año 2000, sucesivamente se lograron consensos a nivel del Subgrupo sobre la enumeración de los principios que formarían parte del documento regional; sobre la necesidad de que el contenido sustantivo fuera precedido de un preámbulo, y luego, sobre el contenido sustancial de esos principios o pautas rectoras del derecho a la formación profesional establecido en la Declaración Sociolaboral, que debían desarrollarse.

Si bien el contenido sustancial de estas recomendaciones prácticas sobre formación profesional obtuvo rápidamente consenso en el ámbito del Subgrupo N° 10, y quedó aprobado, no ocurrió lo mismo con la naturaleza del instrumento que recogería dicho contenido.

La propuesta inicial de plasmarlo en un Declaración de Jefes de Estado, de naturaleza similar a la Declaración Sociolaboral, no concitó la adhesión de todos los sectores y países. Finalmente, ya en el año 2002, se acordó que se recogieran en un "Repertorio de Recomendaciones Prácticas de Formación Profesional".

Este tipo de documento, parece funcional al objetivo que se planteara el Subgrupo: el desarrollo de pautas o líneas directrices complementarias de los derechos consagrados en la Declaración Sociolaboral, a fin de permitir la implementación de políticas y acciones coordinadas o convergentes a su respecto.

Este objetivo acordado tripartitamente asignó al Subgrupo competencias reglamentarias de los derechos consagrados a nivel regional, mediante la elaboración de principios o directrices comunes en materia de políticas sociales, quedando la Comisión Sociolaboral a cargo de las actividades de seguimiento y promoción del cumplimiento de los derechos comunes incorporados hoy en la Declaración, o que puedan ser incorporados en el futuro. En tal sentido, y en tanto se trata de pautas que *"sirvan de guías prácticas y de orientación"* parecería adecuada la elección de una norma no obligatoria como son las Recomendaciones.

El Subgrupo N° 10 asumió en este tema –como también en materia de salud ocupacional– una especie de rol reglamentario de los derechos consagrados en la Declaración Sociolaboral, a través de directrices.

Los interrogantes que se plantean refieren a la continuidad de estas tareas reglamentarias respecto a todos los derechos consagrados a nivel regional, y en ese caso, si el desarrollo de esas directrices se debería concretar en un tipo específico de instrumento como las recomendaciones, o si debería –de acuerdo a las circunstancias– plasmarse en instrumentos de diversa naturaleza jurídica (Declaración Presidencial, Resolución del GMC o decisión del CMC, etcétera).

En principio –y hasta ahora– la elección del instrumento ha sido variada, ya que en materia de formación profesional se propuso un Repertorio de Recomendaciones Prácticas, y en materia de salud ocupacional el SGT N°10 propuso al GMC una Declaración de los Jefes de Estado del Mercosur.

En el caso que nos ocupa, los principios acordados tripartitamente fueron recogidos en un "Repertorio de Recomendaciones Prácticas sobre Formación Profesional", estableciéndose expresamente en el Numeral H del Capítulo de Antecedentes, que este *es un instrumento utilizado a modo promocional por el Consejo de Administración de la OIT, con la finalidad de servir de guía práctica para las autoridades competentes, los empleadores, los trabajadores y las instituciones especializadas en las temáticas correspondientes".*

Naturaleza jurídica del Repertorio

Cabe plantearse entonces, cuál es la naturaleza jurídica y eficacia de estos repertorios de recomendaciones surgidos de los órganos auxiliares del Mercosur, y que –como señala Oscar Ermida Uriarte en *La construcción de una red normativa del Mercosur*– contienen lineamientos y directrices tanto para las autoridades como para los actores sociales y los operadores jurídicos, incluidos los jueces.

En el sentido mencionado, las recomendaciones emanadas de los órganos sociolaborales del Mercosur se asemejan a los repertorios de recomendaciones prácticas que emite el Consejo de Administración de la OIT, como las referidas al alcohol y las drogas en el trabajo, al VIH/Sida, a los accidentes de trabajo y enfermedades profesionales, etcétera. Estas recomendaciones tienen objetivos explícitos, referidos a la elaboración de medidas concretas en los distintos planos del mundo laboral, a la promoción del diálogo, las negociaciones y la cooperación en forma tripartita, y a la puesta en práctica de las mismas a través de normas, políticas y programas a nivel nacional, o convenios, políticas y planes de acción a nivel de las empresas.

El repertorio de recomendaciones del Mercosur laboral, elaborado en cumplimiento del art.16 de la Declaración Sociolaboral del Mercosur, constituye pautas de acción dirigidas a las autoridades, operadores jurídicos y actores sociales, a efectos de que estos, en la órbita de su actividad, las concreten en disposiciones con fuerza vinculante, en políticas y en programas.

Por otra parte, las referidas recomendaciones se transforman asimismo en fuente de derecho laboral que indirecta o supletoriamente pueden aplicarse para complementar los sistemas jurídicos nacionales, al interpretar el sentido de las normas.

Finalmente, y en su carácter de desarrollo de las normas y principios incluidos en la Declaración Sociolaboral del Mercosur, estas recomendaciones podrían considerarse parte del orden público internacional o, integrar el conjunto de principios generales de derecho que ingresan al orden jurídico de cada Estado Parte, con rango constitucional, en razón del carácter de derecho humano fundamental de su contenido.

En todo caso, las recomendaciones emanadas de los órganos laborales del Mercosur tienen vocación de permanencia, en cuanto conforman pautas o lineamientos de acción creados a efectos de ser aplicados en los ordenamientos internos de los países integrados, como forma de lograr su armonización gradual dentro de la región.

Estas normas concebidas desde su génesis como no vinculantes, suponen un esfuerzo tripartito interesante para la convergencia paulatina de políticas laborales dentro de la región y tienen un contenido potencialmente adecuado para generar futuras normas regionales vinculantes, a medida que se vaya consolidando el proceso de integración del Mercosur y su dimensión sociolaboral.

Los principios básicos de la formación profesional en el Mercosur

La propuesta tripartita en lo que hace al contenido del Repertorio comienza por un capítulo de Antecedentes, explicita a continuación los objetivos de la formación profesional y desarrolla los principios a que debería ajustarse la formación profesional dentro del Mercosur, para terminar estableciendo un sistema de revisión del contenido consensuado en esta instancia.

Al referirse a los *objetivos de la formación profesional* se señalan como objetivos específicos de la misma: por un lado, contribuir al desarrollo integral de la persona y a su crecimiento laboral y social, así como fortalecer la capacidad competitiva de las empresas, y por otro, facilitar el acceso al mercado de trabajo y la conservación y mejora del empleo. Agregándose que solo una formación de calidad impacta positivamente sobre la empleabilidad, la calidad de los empleos, la competitividad de la economía y la inclusión social.

Los *principios básicos* o líneas directrices para el diseño convergentes de acciones nacionales que integran el contenido finalmente recogido en el Repertorio de Recomendaciones Prácticas de Formación Profesional son:

- **Formación profesional como instrumento de las políticas activas de empleo**

  Este principio recoge la necesidad actual de que la formación profesional sea una herramienta de mejora de la ocupabilidad o empleabilidad de los trabajadores y en consecuencia sea un componente ineludible y fundamental de las políticas activas de empleo y de las agendas de las administraciones de trabajo.

  La formación profesional no solo debe formar al hombre en una perspectiva global para que pueda insertarse mejor y tener más oportunidades en la sociedad en general, sino que debe proporcionarle las competencias requeridas por el mundo productivo. Hoy, a ese substrato educativo de la formación profesional se le suma otra finalidad u objetivo, que es mejorar las posibilidades de inserción o reinserción en el mercado de trabajo y reducir los niveles de desempleo de los trabajadores, satisfaciendo las necesidades de contar con recursos humanos aptos para mantener e impulsar el desarrollo económico de los países y de la región y satisfacer además, las necesidades de las empresas de contar con mano de obra calificada.

  El Repertorio, al desarrollar este principio, recoge la necesidad de que la formación incluya, tanto el derecho a una formación inicial idónea para acceder a un empleo decente, como una formación continua que permita una constante superación y promoción profesional, y las adaptaciones y recalificaciones necesarias para fomentar la movilidad laboral y el uso y comprensión de las nuevas tecnologías para la conservación del empleo.

- **Formación profesional participativa**

Se consagra el derecho de empleadores y trabajadores, a participar en la formulación, diseño, implementación y ejecución de las políticas y acciones públicas en materia de orientación y formación profesional, y la obligación de los Estados de asegurar el tripartismo y fortalecer el diálogo social.

La redacción de la norma al referirse al diálogo social es lo suficientemente amplia como para incluir no solo a empresarios y trabajadores, sino además a las ideas y aportes de otros grupos y organizaciones diversas de la sociedad vinculadas al tema de la educación y la formación.

De este modo rescata la positiva dualidad de la formación profesional que concita convergencias y coincidencias de intereses de gobiernos, empleadores y trabajadores, de países y regiones; y que es campo fértil, por ende, para la participación y el compromiso de los actores tradicionales del mundo del trabajo, pero que también se enriquece con la participación de organizaciones intermedias de la sociedad que permiten desenvolver un diálogo social más amplio y fecundo.

El principio referido a la instrumentación participativa de la formación profesional, culmina determinando que para la realización de las acciones acordadas en los ámbitos participativos, los actores sociales, junto con los gobiernos, debieran procurar la obtención de los recursos necesarios. Ello implica, que tanto para la obtención, como para la inversión de los recursos obtenidos en las acciones tendientes a la formación profesional de los trabajadores, la toma de decisiones deberá ser de carácter tripartito y contar con la eventual consulta o participación de los restantes actores de la formación profesional, fundamentalmente los actores públicos y privados de la educación.

- **Formación profesional articulada con el sistema educativo**

Las ideas rectoras que se desarrollan en este punto refieren a que la formación para lograr los objetivos mencionados debe necesariamente ser diseñada e implementada en articulación con los diferentes niveles e instancias educativas; y debe coordinarse las acciones y cometidos de dichas áreas, tanto se trate de administraciones laborales y educativas, como de acciones emprendidas por los sectores públicos y privados.

En esa visión sistémica, integral e integradora de la formación, debe complementarse los diferentes niveles educativos y de formación profesional, dándose un mayor peso relativo a los componentes científicos, tecnológicos, informáticos y de gestión que permitan el desarrollo de razonamientos lógicos y la correcta comprensión del entorno del mundo laboral; así como crearse caminos de ida y vuelta permanentes que permitan el pasaje de la educación al trabajo y viceversa, durante toda la vida laboral, creándose –para facilitar ese tránsito permanente y dinámico– procesos de acreditación de saberes y competencias que los evalúen con independencia de su forma de adquisición.

En tal sentido, promociona mecanismos que armonicen educación y trabajo, complementando la formación teórica con una formación práctica a ser realizada en las empresas o en coordinación con ellas, promoviéndose un correcto uso de modalidades de contratación laboral con tal finalidad, en consonancia con la tendencia actual.

• **Formación profesional flexible, polivalente y de calidad**

Al desarrollar estas cualidades de la formación profesional, se señala la necesidad de que la misma sea pertinente, responda a los requerimientos de los sectores productivos y no se circunscriba a enseñar un "hacer"; sino que aporte conocimientos troncales o estructurales que posean un alto grado de transferibilidad de una actividad a otra, flexible y adecuada al contexto laboral, a los cambios de los sectores productivos y a la calidad de vida de los trabajadores.

La formación profesional así encarada, debe desarrollar la capacidad de iniciativa, adaptación, creatividad y respuesta ante situaciones nuevas, y para ello debe incluir determinados componentes comportamentales y sociales que permitan una adecuada comunicación y capacidad de colaborar y trabajar en grupos, y entender el entorno productivo y sus tendencias.

Esa ineludible calidad y pertinencia de la formación requiere calificación de los formadores y flexibilidad de los métodos y técnicas de enseñanza/aprendizaje para lograr los objetivos de competencia.

• **Formación profesional descentralizada por territorio y por sectores económicos**

Este principio que establece el repertorio de recomendaciones, promueve la descentralización de la formación profesional, tanto en el ámbito territorial, como sectorial, tomándose en consideración al momento del diseño e implementación de la formación profesional, las necesidades regionales y locales, así como las necesidades propias de los diferentes sectores productivos; y en especial aquellos en crisis que requieran acciones con urgencia.

Se rescata en este principio la necesidad de que en materia de formación profesional las acciones se adecuen a la realidad y atiendan a la coyuntura real a la que van dirigidas, sin aplicar fórmulas genéricas.

- **Formación profesional igualitaria y con equidad**

La idea de adecuación a la realidad y el criterio de focalización se retoma en este principio referido a las necesidades de sectores de población excluidos del mercado de trabajo o del acceso a empleos de calidad.

Esa focalización de los esfuerzos hacia aquellas personas y trabajadores en situación más crítica o vulnerable, supone la promoción de la igualdad real, la eliminación de inequidades y la valoración de la diversidad.

El objetivo de promover programas especiales de formación profesional de promoción de la igualdad para los colectivos con dificultades de inserción laboral, requiere la integralidad de los mismos que deben articularse con otros planes de mejoramiento del empleo y con un ineludible enfoque de género como perspectiva y metodología de análisis de las relaciones sociales; pero requiere asimismo el esfuerzo conjunto de todos los actores sociales para obtener recursos que permitan ofrecer una oferta gratuita de servicios adecuados a esos fines.

- **Formación profesional como factor de integración y desarrollo regional**

El último principio desarrollado hace referencia al enfoque de la formación profesional desde el punto de vista regional.

Se establece que la formación profesional debe contribuir al armonioso desarrollo de las economías nacionales, siendo necesario para una implantación de la libre circulación de trabajadores –pilar fundamental de todo mercado común– ordenada y transparente, lograr un sistema de certificación y reconocimiento de títulos y aptitudes profesionales.

Por último y con el objetivo de que el Repertorio, "sea un documento vivo y actualizable como elemento de alineación de acciones y no como una reglamentación que genera obligaciones para los Estados Parte", se estableció un último párrafo que rescata el necesario dinamismo y progresividad del proceso de integración y de las políticas en materia de formación profesional; estableciendo la *revisión* del contenido acordado una vez transcurrido un año, sobre la base de la experiencia acumulada durante su aplicación o sobre propuestas de la propia Comisión II del SGT N° 10.

Consideración aparte merece el documento consensuado a nivel del Subgrupo en lo que refiere a *Antecedentes* del Repertorio porque su muy interesante contenido –que daba el marco y justificación teórica a los principios que desarrollaba a continuación– no fue elevado finalmente como parte integrante del proyecto de norma a aprobar por el órgano decisorio del Mercosur.

El Repertorio propuesto estaba precedido de un capítulo de antecedentes regionales del Mercosur donde se señalaban las sucesivas etapas que tuvo la obtención de los consensos al nivel de la Comisión II del SGT N° 10 así como otras normas regionales del Mercosur vinculadas a la formación profesional, y más adelante hacía exhaustivas referencias a otros antecedentes internacionales y regionales, en especial de la Unión Europea y de OIT, de especial interés en materia de políticas de formación profesional en un contexto de integración regional.

Por último los *Considerandos* del proyecto propuesto consagran las fuentes directas que justifican la propuesta, poniendo énfasis en el objetivo de promover el fomento y creación del empleo donde se alude específicamente al Preámbulo y a los arts.14 y 16 de la Declaración Sociolaboral y a la Resolución N° 59/01 del GMC ya comentados.

El Repertorio de Recomendaciones Prácticas y el GMC

La propuesta tripartita elaborada y consensuada en el seno del Subgrupo de Trabajo N°10, fue elevada para aprobación del GMC en el correr del año 2002.

El Grupo Mercado Común tomó conocimiento "con beneplácito" del documento recibido y comenzó su análisis, sin expedirse en forma definitiva hasta la fecha.

En principio habría consenso en elevarlo al Consejo Mercado Común para que este lo aprobara y fuera finalmente recogido en una "Recomendación" dictada por el máximo órgano del Mercosur, norma que por su naturaleza no sería de carácter vinculante, sino que se trata de una directiva a los órganos máximos de los países, a fin de que armonicen sus políticas nacionales sobre la materia con las pautas emergentes del Repertorio.

(Nota: En la reunión de Asunción de 17/6/03 el CMC recoge la propuesta en su Recomendación N° 1/03, que se incluye en el Capítulo de Anexos).

Evaluación comparada de la Recomendación y el Repertorio

Los dos documentos realizados, respectivamente, por la Comisión Sociolaboral y el SGT N° 10, si bien tienen en común el tema que tratan, refieren a objetivos diversos, así como distinta fue la eficacia de los planteamientos.

La recomendación elevada por la Comisión Sociolaboral fue el resultado de la evaluación de la situación de la formación profesional en la región; parte de hechos constatados y plantea determinadas soluciones para las dificultades en el ejercicio del derecho a la formación profesional; como tal implica el estricto cumplimiento del art. 20 literal b) de la Declaración Sociolaboral. La Resolución 59/01 del 5 de diciembre de 2001, del GMC recoge la referida recomendación, la que por tanto tiene el valor y eficacia formal de las decisiones del referido órgano del Mercosur, y debe ser tomada en cuenta por los Estados Parte, los cuales, al establecer acciones respecto a la formación profesional, al determinar políticas y al efectuar coordinaciones y articulaciones en la materia, deberán atenerse a las disposiciones emanadas de la Resolución 59/01 del GMC.

El repertorio de recomendaciones prácticas elaborado por el SGT N° 10 implicó básicamente un desarrollo de la disposición sobre formación profesional y desarrollo de recursos humanos, establecida en el art.16 de la Declaración Sociolaboral. Implica una reglamentación de los derechos consagrados en la misma y el planteamiento de líneas rectoras a partir de las cuales se ejercitará el derecho a la formación profesional. Es una construcción desde lo teórico a lo práctico para la determinación de políticas y acciones, pero que en definitiva no ha tenido aplicación práctica o nacimiento normativo hasta la fecha, sin perjuicio de haberse previsto, para la reunión de junio de 2003, su tratamiento y aprobación definitiva, dado el consenso de los cuatro países en el referido sentido.

En caso de que el repertorio tomara la forma de una recomendación del CMC, tendría los efectos señalados anteriormente: directiva a los órganos máximos de los países, a fin de que armonicen sus políticas nacionales sobre la materia.

3.3. La formación profesional en la Carta de Buenos Aires sobre compromiso social

Hacemos una expresa alusión a esta Declaración de Jefes de Estado de los países del Mercosur, Bolivia y Chile en el presente capítulo referido al tratamiento normativo de la formación profesional, aunque no sea el resultado de consensos tripartitos generados en los órganos laborales del Mercosur; por dos motivos:

a.   la Carta está precedida por una alusión expresa en sus disposiciones generales que establece concretamente "teniendo presente los principios y derechos contenidos en la Declaración Sociolaboral del Mercosur", lo que implica que las disposiciones de la Carta referidas a la formación profesional son un desarrollo y un compromiso de los Estados, impulsado por la consagración del derecho a la formación profesional;

b. porque si bien su contenido es de carácter programático, y supone compromisos genéricos de fomentar, impulsar, promover determinadas acciones en el área social, las referencias a la formación profesional ratifican el reconocimiento de derechos de los trabajadores y asunción de compromisos positivos al respecto, por parte de los Estados.

Así se establece expresamente, que los seis gobiernos signatarios coinciden en "garantizar el derecho a la educación básica y favorecer el acceso a la educación secundaria, técnica y vocacional, siendo ambos elementos claves en la superación de la pobreza como vehículos de movilidad social y económica", en intensificar esfuerzos para mejorar la situación de personas mayores en situación de vulnerabilidad a través de, entre otros, "programas de capacitación" y en "desarrollar políticas que promuevan un tipo de sociedad no excluyente, que prepare a las personas para enfrentar los desafíos planteados por la nueva comunidad del conocimiento".

3.4. La formación profesional en los pronunciamientos del Foro Consultivo Económico y Social

Recomendación sobre Políticas de Promoción del Empleo

El Foro Consultivo Económico y Social, órgano consultivo del Mercosur, del que se diera cuenta en el Capítulo II, emite su Recomendación N°5/97, de setiembre de 1997, sobre el tema "Empleo", respecto al cual consideran fundamental la elaboración y ejecución de políticas públicas de promoción, que desarrollan en una serie de puntos, entre los cuales el N° 4, denominado "Necesidad de priorizar la Educación y la Formación Profesional".

En el referido punto, el FCES entiende que la educación y la formación profesional deben reconocerse como factores de promoción social y realización personal, para lo cual es necesario contar con un sistema educativo, orientado más a la formación de capacidades que a la trasmisión de conocimientos concretos, tanto en el sector público como en el privado, teniendo en cuenta la relevancia que deben dar las empresas a la formación de sus trabajadores.

En el sentido mencionado, el FCES recomienda que los programas específicos de calificación y recalificación profesional que se diseñen tengan en cuenta los estudios y diagnósticos sectoriales que se realicen en la órbita de los organismos competentes del Mercosur.

Debido a la reconversión económica, a la introducción de nuevas tecnologías y a la decadencia de algunos sectores productivos, consideran necesario contar con trabajadores con nuevas capacidades y recalificación de mano de obra que abarque incluso mandos medios y puestos de dirección.

El dictamen pone énfasis en que la tarea debe ser llevada a cabo, tanto por la educación pública, como por la privada, y que la misma debe contar con la participación de organismos bipartitos o tripartitos donde se encuentren representados empresarios y trabajadores.

Finalmente, considerando la importancia de la capacitación para la reinserción laboral, recomiendan promover políticas de ayuda al desempleado y sistemas de información, formación y colocación de trabajadores.

3.5. La formación profesional en los pronunciamientos de la Comisión Parlamentaria Conjunta

Por Recomendación N°8/98 la Comisión Parlamentaria Conjunta sugiere al CMC la adopción del Estatuto del Trabajador Migrante en calidad de Protocolo, estableciendo en el mismo el "derecho a la libre aceptación de ofertas concretas de trabajo", la igualdad de trato entre trabajadores nacionales y de la región; y en el tema específico de la formación profesional, reconoce el derecho de los trabajadores migrantes a acceder en igualdad de condiciones a la instrucción técnica o profesional.

El señalado documento no ha sido aprobado por las instancias de decisión del Mercosur, hasta la fecha.

Luego de este análisis de la formación profesional en las normas sociolaborales del Mercosur, en el siguiente capítulo realizaremos una descripción de otras iniciativas que se encuentran en proceso de gestación en las instancias laborales del Mercosur, así como en el ámbito de la educación.

CAPÍTULO V

OTRAS INICIATIVAS DE FORMACIÓN PROFESIONAL EN EL MERCOSUR

1.   EN EL SUBGRUPO DE TRABAJO N° 10

En forma paralela y complementaria a las propuestas que tienen como objetivo la creación de una normativa regional común y que han dado lugar a las normas analizadas en el Capítulo anterior, dentro de los órganos laborales del Mercosur han surgido otras iniciativas relacionadas con la formación profesional que se encuentran hoy en etapa de elaboración y búsqueda de consensos.

En igual sentido han trabajado otros órganos de integración gubernamental del Mercosur que por sus competencias tienen estrecha relación con la formación profesional o con la dimensión social de la integración, que con resultados dispares han abordado esta temática.

Dentro de las iniciativas surgidas de los órganos laborales, podemos destacar el Observatorio del Mercado de Trabajo, página *web* con una base de datos donde se establecen las situaciones de empleo en la región; la matriz de formación profesional y el glosario de formación profesional, como herramientas para el conocimiento y entendimiento de las políticas, acciones y sistemas de formación profesional en la región, y el desarrollo de criterios de certificación de competencias laborales y definición de una base conceptual común sobre el tema.

Muy someramente relevaremos también los aportes a la formación profesional producidos en otros ámbitos institucionales del Mercosur, fundamentalmente en la Reunión de Ministros de Educación y la Comisión Técnica Regional de Educación Tecnológica del Mercosur, dependiente de la Reunión antes mencionada.

1.1. El Observatorio de Mercado de Trabajo

Apenas iniciados los trabajos del anterior Subgrupo N°11, el tema del empleo fue objeto de tratamiento recurrente, en tanto ya entonces constituía la preocupación fundamental de los Ministerios de Trabajo y de los actores sociales. No obstante, fue recién a partir de 1996 que se logró el consenso para el diseño institucional y operativo de un *observatorio regional de situaciones de empleo*.

Se consideró que la creación de un Observatorio permanente del mercado de trabajo, como espacio de investigación actual y prospectiva, era una condición necesaria para que los Gobiernos, las organizaciones de trabajadores y empleadores, y estos individualmente, conocieran las tendencias estructurales y los desafíos pendientes que les permitiera acompañar los cambios y tomar decisiones políticas y estratégicas adecuadas a los nuevos requerimientos, canalizando así el proceso de integración económica y social hacia metas sustentables.

En consecuencia se incluyó el tema en la pauta negociadora y a partir de su aprobación se realizaron varias reuniones especiales, para acordar su diseño institucional y un plan piloto de un año de duración.

El *objetivo general* del observatorio es facilitar la toma de decisiones referentes al mercado de trabajo, fomentando la producción, recolección, análisis y difusión de información relativa al empleo, las migraciones laborales, la formación profesional, la seguridad social y las normas regulatorias, así como las políticas y programas que traten a nivel nacional o regional esas materias.

Los *objetivos específicos* son, entre otros:

1) Consolidar y sistematizar información producida en el ámbito del Mercosur por entidades públicas y privadas que realicen investigaciones al respecto, buscando aprovechar las capacidades ya instaladas.

2) Desarrollar relevamientos e investigaciones, que permitan al Subgrupo generar diagnósticos y propuestas técnicas.

3) Crear, mantener y divulgar una base de datos comparables entre los países del Mercosur, de consulta abierta para cualquier interesado.

4) Relacionarse con instituciones que realicen actividades similares.

5) Analizar las repercusiones sobre el empleo, de decisiones políticas, proyectos y programas llevados adelante por organizaciones públicas y privadas, y simultáneamente proporcionar a estas el resultado de los estudios realizados al respecto.

En mayo del año 2000 se realizó el lanzamiento de la página *web* en *Internet* del Observatorio, en su sitio www.observatorio.net .

Este banco de datos de carácter público y abierto, consta de información de variada naturaleza:

1. *Institucional:* con los antecedentes y actas del Observatorio y del Subgrupo N° 10.

2. *Estadística:* sobre demografía, macroeconomía, actividad, empleo, subempleo, desempleo, salarios, productividad e ingresos económicos.

3. *Normativa* jurídica en materia laboral: nomencladores de los Institutos del Derecho individual del trabajo elaborados por la Comisión Temática I.

4. *Políticas de empleo:* caracterización de los programas realizados en cada país en materia de políticas activas (que incluyen la formación profesional), y pasivas de empleo.

5. *Índice bibliográfico* de las publicaciones con contenido en integración, empleo, mercado de trabajo, etcétera.

Asimismo el OMT dispone de *links* o conexiones con instituciones oficiales, estadísticas y académicas de la subregión, del resto de América y de Europa; y en diciembre de 2001 el GMC, a solicitud del SGT 10, instruyó a la Secretaría Administrativa del Mercosur (SAM) a efectos de crear un vínculo entre el sitio *web* del Observatorio de Mercado de Trabajo (www.observatorio.net) y el sitio *web* del Mercosur (www.mercosur.org.uy, www.mercosul.org.uy), a fin de divulgar la información allí publicada.

En las sucesivas reuniones del OMT en el marco del SGT 10 del Mercosur, se realizaron aportes y se avanzó en lo que refiere al mantenimiento, mejoramiento, rediseño y difusión de la página *web*, la armonización conceptual; y de los indicadores de la Base de Datos, la posibilidad de crear un sistema de alimentación distribuida de la misma, actualmente centralizada en Argentina; la implementación del enfoque de género en los indicadores y productos, así como la integración de datos estadísticos y políticas de empleo comparadas entre los países miembros. Asimismo se prevé la actualización y ampliación de la información proporcionada con datos macroeconómicos y de la seguridad social, a cuyos últimos efectos se solicitó a la Organización Iberoamericana de la Seguridad Social (OISS) incorporar su información o establecer un enlace entre ambas bases de datos.

En cuanto a la homogeneización de los datos, se está trabajando en un proyecto del Mercosur ampliado y la Unión Europea; y en lo que refiere a la ampliación de la misma, se ha previsto introducir datos respecto a la seguridad social, trabajo infantil, migraciones laborales y riesgos de trabajo.

Dentro de los productos del OMT se encuentra un informe de *Coyuntura del Mercado de Trabajo Regional* de carácter anual, habiéndose emitido el primero en el año 2001. Asimismo dentro de sus proyectos se cuenta la realización de un Seminario Regional sobre *"Integración, Mercosur y Políticas de Empleo"*.

La información del mercado laboral, cuenta aún con problemas de cotejo, por provenir de fuentes diversas, pero se han previsto coordinaciones con los sectores técnicos del Mercosur que trabajan en el área de estadísticas, y con cooperación internacional se espera solucionar este problema.

En lo que refiere a su funcionalidad respecto al tema específico de esta publicación, el OMT es una herramienta para el conocimiento de la situación del empleo y la formación profesional en la región, al haberse previsto la inclusión de datos relacionados con los programas y acciones implementados en los cuatro países en materia de políticas activas de empleo, así como la evaluación de sus resultados.

Por otra parte el SGT 10 ha reiterado recientemente el acuerdo de alimentar al Observatorio de Mercado de Trabajo con datos relacionados con la formación profesional; a cuyos efectos se prevé utilizar la información que surja de la matriz oportunamente consensuada en el ámbito del SGT 10 y la que surja como consecuencia del tratamiento de las Memorias en la Comisión Sociolaboral.

La información obtenida sobre bases comparables para su inclusión en el Observatorio, será el insumo previo y necesario para en el futuro instrumentar acciones de cooperación y complementación entre los países parte.

Esas acciones referidas a las políticas activas de empleo y formación profesional futuras, podrían obtener importantes insumos para su diseño e implementación, si se mejora la alimentación de datos del Observatorio y se procesan los mismos para obtener información pertinente y actualizada.

1.2. La matriz comparativa de los Sistemas Nacionales de formación profesional

De acuerdo a los consensos desarrollados en las reuniones de la Comisión Temática II del SGT 10, se reconoció la importancia de acordar una matriz de la formación profesional a completar posteriormente por los cuatro países integrantes del Mercosur.

La matriz consiste en un formulario homogéneo con los principales datos a relevar, de modo de facilitar la comparación de las experiencias de cada país en la materia. De este modo se enumeran diversos ítems con sus desagregaciones a los que debe ajustarse la información proporcionada. Sobre esa base de acuerdo se procedió a desarrollar los mismos que refieren básicamente a:

- *normativa y actores* que intervienen en la formación profesional, identificando características y roles de los mismos: Estado, sector empresarial, sector sindical y entidades de capacitación, que incluyan un esquema básico del sistema de formación profesional nacional, con especial énfasis en la descripción de las experiencias de diálogo social y los institutos tripartitos o bipartitos que tienen competencias en la materia;

- *modalidades* de la formación profesional, desagregada en formación profesional inicial, continua, para empleados y para desempleados y otros colectivos vulnerables. En esta información se debe dar datos sobre: financiamiento, base jurídica, diversos tipos de submodalidades, articulación con las demás modalidades, con el sistema educativo y con las políticas de empleo, programas y cursos, estadísticas, evaluaciones de impacto, etcétera;

- *orientación* profesional, mecanismos de colocación y mecanismos de investigación de mercado;

- *instituciones* de formación profesional y oferta formativa, dando detalles sobre sus características generales, cobertura, recursos económicos, equipo técnico pedagógico, formación y actualización docente, infraestructura y equipamiento, metodologías de enseñanza/aprendizaje, currícula, prácticas de seguimiento de egresados, enfoque metodológico;

- *estadísticas e indicadores* de población total, población económicamente activa y de los matriculados en las diversas modalidades de formación –sean impartidas por entidades públicas o privadas–, y de gastos en educación;

- *experiencias* de formación profesional basada en competencias laborales;

- *identificación* de buenas prácticas;

- *programas y cursos* de las diferentes modalidades de formación profesional detallando sus principales características, sectores a los que atiende, nómina y número de cursos, carga horaria teórica y práctica, perfil de egresos, etcétera.

El origen de esta decisión se remonta a la reunión de mayo de 2000 en Buenos Aires, momento en el que se resuelve elaborar una matriz de experiencias nacionales de formación profesional, donde, mediante una metodología común, se pudieran recoger los datos de cada país en forma comparable.

Una vez acordada la matriz, restaba realizar los informes nacionales sobre la base de una propuesta de armonización conceptual de variables e indicadores constantes de las matrices completadas por cada país.

Sin embargo, la información a brindarse, al proponerse por parte de Brasil complementarla con datos del sistema educacional, se demora, y hasta la fecha aún no está completada por todos los países.

Asimismo, y considerando que parte de la información que se proponía relevar la matriz se encuentra ya incluida en las Memorias elaboradas por los países en el ámbito de la Comisión Sociolaboral, se propone obtener dicha información, a efectos de complementarlas, evitando su duplicación.

Si bien es cierto que hay información que se superpone, el objetivo de la matriz es "conocernos", ver el estado de situación de cada país en forma comparable y con datos porcentuales en forma de cuadros fácilmente visualizables. Asimismo la información, especialmente en materia de oferta formativa, es más rica que la relevada en la Memoria, que si bien también realiza un diagnóstico de las situaciones nacionales, tiende más a realizar un análisis crítico de los sistemas nacionales, sus tendencias y las fortalezas y debilidades de los mismos.

En síntesis, la matriz no tiene un contenido propositivo, sino que es un relevamiento práctico y objetivo de la situación y oferta de la Formación Profesional en cada uno de los países; mientras que la Memoria releva las dificultades prácticas que desde la óptica del trabajo y con una visión crítica, se producen en la gestión del sistema, así como las posibles líneas de acción para remover tales dificultades.

Actualmente se continúa trabajando en la formulación de un documento que pueda resolver los problemas prácticos y conceptuales planteados y acordar una matriz idónea para recoger –en forma comparable– los datos de la formación profesional de los países integrantes del Mercosur.

1.3. El glosario de formación profesional

Uno de los problemas recurrentes en el Mercosur ha sido y sigue siendo aún en algunos aspectos, la dificultad inicial que implica la diferente terminología utilizada en cada uno de los países integrantes de la región, sobre determinados temas de su agenda de trabajo.

Así ha sucedido en materia de empleo y formación profesional, donde vocablos de uso permanente tienen significados diversos para los negociadores; e incluso existen estadísticas y mediciones que se realizan sobre parámetros diferentes.

Ello sin lugar a dudas supone una dificultad complementaria a la hora de llegar a comprender las realidades nacionales sobre esos temas, y se imponía la necesidad de acordar previamente una terminología común que facilitara los entendimientos.

Un requisito previo al cumplimiento de otros objetivos sustantivos radicaba entonces en la necesidad de contar con definiciones comunes de algunos conceptos básicos, en la armonización de los mismos –en la medida de lo posible–, así como de los métodos de medición de los fenómenos relacionados con el mercado de trabajo.

Ello determinó que a mediados del año 2001, y en lo que hace al tema específico de la formación profesional, se aprobara en consenso una propuesta referida a formular un Glosario que incluyera los términos más frecuentemente utilizados en la materia, lo que facilitaría el llenado de la matriz sobre bases comparables.

Glosario entendido en su sentido natural, como "catálogo de palabras oscuras o dudosas, con su explicación" o "vocabulario explicativo de palabras oscuras".

A tales efectos los países se comprometieron a realizar una lista con los términos que consideraren pertinentes incluir en el glosario regional, así como sus definiciones.

Cada país se comprometió a presentar un padrón mínimo de los términos más relevantes utilizados nacionalmente en la materia, estableciéndose asimismo que a medida que se desarrollaran trabajos específicos, se irían incorporando nuevos términos al glosario, de forma de hacerlo paulatinamente más amplio y actualizado, dándole una concepción dinámica y funcional a las necesidades de cada momento.

El glosario incluye vocablos de gran utilización en la materia, tales como actitud, aprendizaje, aptitud, área ocupacional, calificación, capacidad, colectivos vulnerables, competencia laboral, desempeño, formación profesional, formación por competencias, formación continua, inicial, habilidad, inserción laboral, etcétera.

A efectos entonces de proporcionar información comparable, los países están elaborando un glosario de los términos más frecuentemente utilizados en materia de formación profesional, que es de esperar que quede acordado en breve plazo.

Sin embargo, a la hora de compatibilizar definiciones unívocas para todos los países, se han presentado dificultades que han retrasado los acuerdos sobre el tema.

En el seno de la propia Comisión Temática II se ha señalado que no queda claro si el glosario debe ser un documento armonizado de términos o una comparación de los mismos, contextualizada en cada país.

Así algunos sectores entienden que el glosario está vinculado estrechamente al objetivo de facilitar el entendimiento de la matriz y que en esta primera etapa, lo prioritario es entender los sistemas educativos de cada país, por lo que habría que pensar en un sistema de correlación de términos o equivalencias sin intentar compatibilizarlos, dejando dicha tarea para una segunda etapa; otros sectores consideran que es necesario realizar un trabajo de compatibilidad desde el primer momento, ya que de lo contrario se desvirtuaría el sentido del glosario.

En tal sentido es relevante recordar lo establecido en las actas del Subgrupo N° 10, en cuanto a que el *glosario es un instrumento de entendimiento y la matriz es un instrumento de conocimiento.*

A la fecha, encomendado por el SGT 10, Brasil ha elaborado una propuesta al respecto, que expresa en sus consideraciones preliminares que *"el glosario debe funcionar como un diccionario de términos utilizados en Formación profesional en el ámbito del Mercosur, que puedan guiar el entendimiento de las palabras y expresiones regionales e intersectoriales, términos técnicos y científicos utilizados por los sectores nacionales y al mismo tiempo debe ser capaz de permitir el entendimiento supranacional de los mismos por parte de los países miembros".* Agrega asimismo que el glosario debe ser pensado como base de información en un proceso permanente de actualización con capacidad para acompañar la incorporación de nuevos términos e ideas.

1.4. Las competencias laborales

El tema de la certificación ocupacional se incluye en la agenda de trabajo del SGT 10 a partir de la pauta negociadora consensuada al iniciarse las tareas de dicho subgrupo en 1997, como propuesta de creación de un sistema de certificación ocupacional en el Mercosur para el reconocimiento y equivalencia de las mismas en la región. A tales efectos se resolvió la realización de un taller, concretado en la reunión del SGT 10 de Montevideo de noviembre de 1997. Del referido taller surgen propuestas de tareas a realizar por la Comisión Temática, de las cuales esta recoge las referentes a la definición sobre el concepto de certificación ocupacional, la selección de dos sectores para realizar un plan piloto y la recopilación de información de otros ámbitos del Mercosur sobre el tema.

En siguientes reuniones se procedió a examinar los aportes de los países sobre la certificación ocupacional, priorizándose como tarea de la Comisión Temática en virtud de considerarse una necesidad para facilitar las migraciones laborales en vista de su futuro incremento.

Asimismo se resuelve invitar a participar en las reuniones sobre el tema, al sector de la educación.

Enfocada ya la temática hacia las competencias laborales, se realiza un Seminario en Montevideo, en setiembre de 1999, donde se hace un relatorio consolidado del estado de situación de la certificación de competencias laborales en la región, se revisan los criterios de certificación de competencias y se define una base conceptual común.

En dicho Seminario se acuerdan ciertos criterios que se siguen trabajando y complementando en la Comisión Temática conformándose una base común consensuada, que se integra en síntesis con las siguientes ideas fuerza:

• Necesidad de trabajar y afianzar el enfoque de competencias, y no el enfoque tradicional de análisis ocupacional centrado en puestos de trabajo.

• Adopción de un sistema o red nacional en materia de certificación de competencias, según las características de cada país.

• Participación de los actores sociales en la construcción y en los diferentes niveles del sistema o red, de manera que el tripartismo garantice la confiabilidad y transparencia de los procesos y productos.

• Reconocimiento de las competencias laborales de los trabajadores con independencia de su forma de adquisición.

• Estrategia de abordaje focalizada por sectores de actividad.

• Inconveniencia de extrapolar modelos de sistemas de certificación sin adecuarlos previamente a las características particulares de los países miembros del Mercosur.

• Sistema o red de certificación articulado con el sistema educativo para permitir el aumento de los niveles de escolaridad y la formación continua de los trabajadores.

Hasta la fecha estos consensos no han sido plasmados en un documento definitivo, ni elevados, en consecuencia, a consideración del GMC, situación que ha repercutido en el tratamiento del tema a nivel regional y que de alguna manera refleja los avances y retrocesos con que se ha manejado la temática de las competencias laborales a nivel de cada uno de los Estados Parte. A consecuencia de esta coyuntura, el tema tampoco ha estado presente en la agenda de las últimas reuniones del Subgrupo N° 10.

2. EN EL SECTOR EDUCATIVO DEL MERCOSUR

2.1. La Reunión de Ministros de Educación y sus Órganos dependientes

La educación es considerada como un factor de integración y, en consecuencia, como una pieza clave en el camino hacia la consolidación y proyección del Mercosur; se introduce en su estructura institucional y, por tanto, en su agenda temática, mediante la creación de la Reunión Especializada de Ministros de Educación, a la cual se asigna la coordinación de las políticas educacionales de la región.

Con ello se consolida el Sector Educativo del Mercosur (SEM), que tiene diversos avances, plasmados en el Documento Mercosur 2000: Desafíos y Metas para el Sector Educativo; y más especialmente en el Plan Trienal para el Sector Educativo (1998-2000); pero es a partir del mes de setiembre del año 2001 en la XXI Reunión de Ministros de Educación llevada a cabo en Punta del Este, Uruguay, que se producen los mayores avances, al concretarse una reorganización del sector, conjuntamente con un fortalecimiento de su estructura a partir de la elaboración de un Plan de Acción para el Período 2001-2005, con objetivos definidos y sustentables.

A partir de la determinación de funciones políticas, técnicas y educativas, se comete su realización a distintas instancias institucionales:

a)   La Reunión de Ministros de Educación del Mercosur (RME), órgano responsable de la toma de decisiones en relación con los aportes de la educación, al desarrollo de las políticas del Mercosur.

b)   El Comité Coordinador Regional (CCR), órgano asesor de la RME, cuyos cometidos refieren a la proposición política de integración y cooperación en lo que refiere a la educación, coordina las acciones del Sector Educativo del Mercosur (SEM), es su nexo con la RME y con el resto del Mercosur institucional. Es, en definitiva, quien organiza, coordina, propone y aprueba los proyectos y la cooperación técnica para su realización, elaborando los programas anuales de actividades de acuerdo al Plan de Acción. Asimismo procesa y difunde la información elevando a la RME las propuestas e informes de avance.

c)   Las Comisiones Regionales Coordinadoras de Área (CRCA), que son tres:

Educación Básica: CRC/EB

Educación Tecnológica: CRC/ET

Educación Superior: CRC/ES

Dependen del Comité Coordinador Regional (CCR) y colaboran en la definición de líneas de acción, analizando, evaluando y realizando el seguimiento de los proyectos en ejecución.

d) Los Grupos Gestores de Proyectos (GGP) son instancias *ad hoc* convocadas por el CCR por sí o a instancias de la CRCA para elaborar perfiles y desarrollar proyectos.

e) El Sistema de Información y Comunicación (SIC), establecido para proporcionar información y facilitar los requerimientos de comunicación del Sector mediante el uso de tecnologías de comunicación social e información.

El SEM elaboró su Plan de Acción 2001-2005 basado en el compromiso emanado de la Carta de Buenos Aires (julio de 2000) de garantizar el derecho a la educación básica y a favorecer el acceso a la educación técnica vocacional, siendo ambos elementos clave para la superación de la pobreza y para la movilidad social y económica.

En el referido marco, los Ministros de Educación, reunidos en Gramado en diciembre de 2000, redefinen la misión del SEM, que implica conformar "un espacio educativo común, estimulando la formación de la conciencia ciudadana para la integración, la movilidad y los intercambios con el objeto de lograr una educación de calidad para todos, con atención especial a los sectores más vulnerables, en un proceso de desarrollo con justicia social y respeto a la diversidad cultural de los pueblos de la región".

El Consejo Mercado Común (CMC) por decisión 15/01 de diciembre de 2001 aprueba la nueva estructura orgánica de la RME y sus órganos dependientes en el ámbito del Sector Educativo del Mercosur, así como el Plan de Acción del SEM para el período 2001-2005.

Hasta la aprobación del Plan de Acción, el SEM había logrado diversos avances:

a) En la aprobación de protocolos para facilitar el reconocimiento y equiparación de estudios y la libre circulación de estudiantes.

- *Protocolo de Integración Educacional y Reconocimiento de Certificados, Títulos y Estudios de Nivel Primario y Medio no Técnico* (Decisión CMC 4/94). Otorga validez a los certificados que acrediten estudios realizados en las instituciones oficialmente reconocidas por cada uno de los Estados Parte, en las mismas condiciones que el país de origen establece para los cursantes o egresados de dichas instituciones. Tal reconocimiento, se realiza a fin de proseguir los estudios.

- *Protocolo de Integración Educacional y Reválida de Diplomas, Certificados, Títulos y reconocimiento de Estudios de nivel Medio Técnico* (Decisión CMC

7/95). Establece el reconocimiento de los títulos universitarios de grado otorgados por las Universidades reconocidas en cada Estado Parte, únicamente para la prosecución de los estudios, no habilitando para el ejercicio profesional.

b) En la aprobación de protocolos para facilitar el intercambio de docentes universitarios y la formación de recursos humanos a nivel de postgrado.

- *Protocolo de Integración Educacional para la Formación de recursos Humanos a nivel de Postgrado entre los Estados Parte del Mercosur* (Decisión CMC 9/ 96). Sus objetivos son la formación y perfeccionamiento de docentes universitarios e investigadores para ampliar y consolidar los programas de postgrado de la región; intercambio entre instituciones a fin de que los investigadores trabajen en áreas comunes, intercambio de documentación especializada y de publicaciones; y establecimiento de patrones comunes de evaluación de los postgrados.

- *Protocolo de admisión de títulos y Grados Universitarios para el ejercicio de actividades académicas en los Estados Parte del Mercosur* (Decisión CMC 3/ 97). Consagra la admisión de títulos de grado y postgrado conferidos por las Universidades en Paraguay, Instituciones de Educación Superior en Brasil, Instituciones Universitarias en Argentina y Uruguay, pero solo a los efectos del ejercicio de actividades académicas.

c) En la adecuación de la currícula de la educación básica y media.

d) En lo relativo al aprendizaje de las lenguas oficiales del Mercosur y a la enseñanza de la Historia y Geografía.

e) En la armonización de perfiles profesionales por competencias en educación tecnológica en el nivel medio técnico.

f) En la constitución del Sistema de Información y Comunicación (SIC) del Sector Educativo del Mercosur que permita proveer datos e informaciones cuantitativas y cualitativas para apoyar a las diferentes instancias que componen la RME, así como generar espacios de comunicación y discusión para los actores educativos de la región.

g) En la instrumentación de un mecanismo experimental de acreditación de carreras, para el reconocimiento de títulos de grado universitario en el ámbito del Mercosur.

h) En la definición de marcos conceptuales, normativos y operativos.

i) En la formación de la conciencia de pertenencia a un espacio ampliado.

j) En la articulación con organismos internacionales.

Con la instrumentación del Plan de Acción, se concretaron los objetivos estratégicos y líneas de acción a llevar a cabo en los siguientes cinco años, se generó un sistema de financiamiento de las mismas y se reconoció a la institución educativa como un espacio cultural privilegiado para la formación de una conciencia favorable a la integración regional.

El SEM se plantea la promoción de condiciones que favorezcan una verdadera integración económica, social y cultural, sustentada en la horizontalidad, la reciprocidad y la solidaridad, considerando a la educación como herramienta de acceso a la integración y de desarrollo de capacidades que reviertan la inequidad, marginalidad y exclusión existentes.

En Educación Básica se plantea como desafío, mejorar el aprendizaje a través de una educación de calidad para todos, con especial atención en los grupos vulnerables.

En Educación Tecnológica se plantea una formación continua que genere conocimientos, actitudes, valores y competencias conducentes a la profesionalización y a la inserción social activa.

En Educación Superior el desafío es la creación de un espacio académico común de intercambio de conocimientos e investigaciones, así como la formación de recursos humanos de calidad, con metas comunes y mecanismos de evaluación, focalizando las acciones en la acreditación, movilidad y cooperación interinstitucional.

Los objetivos estratégicos del Plan de Acción se centran en fortalecer una conciencia ciudadana proclive a la integración y que valore la diversidad cultural, promoviendo la educación de calidad para la región, políticas de formación y capacitación de recursos humanos competentes; conformando en definitiva, un espacio educativo regional de cooperación solidaria, priorizándose como estrategias de acción, tanto la circulación del conocimiento, como de los actores educativos.

En lo que refiere concretamente a la Educación Tecnológica, los objetivos del Plan de Acción se orientan hacia la educación continua de calidad para todos, basada en los avances científico tecnológicos y las transformaciones productivas que permitan la profesionalización y la inserción activa.

Se definen como ejes temáticos de la Educación Tecnológica:

• la educación técnico profesional ante las modificaciones del sector productivo;

• la educación en valores en la formación técnico profesional;

- las oportunidades de formación profesional a lo largo de la vida;

- el nuevo rol del docente en la educación técnico profesional.

Las metas proyectadas para el 2005 refieren a:

- armonización de perfiles profesionales en seis áreas;

- actualización de docentes del punto de vista técnico pedagógico con relación a los perfiles armonizados;

- recopilación de experiencias innovadoras de capacitación, cualificación y profesionalización en formación profesional para adultos, orientadas a la empleabilidad;

- difusión de experiencias exitosas de vinculación escuela-sector productivo;

- establecimiento de indicadores de calidad con inclusión de las variables perfiles armonizados, actualización tecnológica, vinculación con el sector productivo, movilidad de la fuerza de trabajo e inserción laboral de egresados;

- obtención y elaboración de materiales didácticos, informaciones y experiencias productivas en el período.

Dentro de las acciones a llevar a cabo, se prevé el diseño y ejecución de experiencias articuladas con la Comisión Regional Coordinadora de Enseñanza Básica (CRC-EB) y con el Subgrupo de Trabajo Nº 10 de "Relaciones Laborales, Empleo y Seguridad Social".

Todos los avances mencionados en este capítulo, aun a pesar de las dificultades consignadas, demuestran el interés que existe en el proceso de integración del Mercosur por los temas referidos a la formación profesional. Si se diseñan políticas, se formulan acciones, y se ponen en funcionamiento programas articulados con los ámbitos de educación coordinados con los actores sociales y demás entidades que participan en la gestión de la formación profesional, podrá avanzarse sustancialmente en la consecución de la promoción y garantía del derecho establecido en el art.16 de la Declaración Sociolaboral.

CAPÍTULO VI

EL DIÁLOGO SOCIAL Y LA FORMACIÓN PROFESIONAL

1. INTEGRACIÓN Y DIÁLOGO SOCIAL

Un proceso de integración que se plantee como objetivo último la mejora de las condiciones de vida y de trabajo, requiere un modelo de gestión compatible con un mundo y una región que se enfrenta a un camino acelerado de cambios en el ámbito del trabajo, debido a la propia evolución de la integración regional, a la globalización de la economía, a la liberalización de los mercados y a la consecuente reconversión productiva.

Para encarar los nuevos desafíos planteados por el actual contexto económico, social y productivo y sus constantes y acelerados cambios, es necesario fomentar ámbitos de participación y diálogo permanentes. El fomento de la justicia social solo puede llevarse a cabo si los propios interlocutores sociales participan en la búsqueda de soluciones idóneas a esos fines.

La mejor forma de encarar estos cambios es impulsar, desde el espacio integrado, una amplia participación de la sociedad en su conjunto y de los agentes económicos, trabajadores y empresarios, sentando las bases para una comunicación fluida entre gobiernos y sociedad civil, que permita lograr los consensos necesarios para acompañar los procesos de transformación disminuyendo al máximo los costos sociales.

No obstante lo expuesto, la creación y consolidación de ámbitos permanentes de interacción, aunque imprescindibles, no supone una tarea fácil y requiere de un proceso interno de maduración de todos los actores.

Si bien en los comienzos del proceso de integración del Mercosur fueron reiteradas las manifestaciones relativas a la existencia de un importante déficit democrático y participativo en su estructura institucional, a más de diez años de iniciado el Mercosur, hoy pueden apreciarse importantes avances en la consolidación de ámbitos y procedimientos que suponen una consulta y participación real y efectiva en el proceso de toma de decisiones en el ámbito sociolaboral.

2. DIÁLOGO SOCIAL, DEMOCRACIA, DERECHOS HUMANOS Y PAZ SOCIAL

Democracia, derechos humanos y diálogo social, son tres conceptos estrechamente vinculados entre sí e incluso podría afirmarse sin hesitación que son interdependientes, y las sinergias que se generan son requisitos para su mutuo fortalecimiento y desarrollo. La consolidación de nuestras democracias a partir de la mitad de la década del ochenta revitalizó las libertades públicas, garantizó los derechos del hombre, fortaleció las organizaciones sociales y creó un marco propicio para el desarrollo del diálogo y la negociación entre los actores, tendiente a lograr un mejor vínculo entre la sociedad, el Estado y el mercado.

Si el bienestar y los intereses de los actores sociales y la sociedad en su conjunto son el objetivo y el substrato legitimante de las políticas en general y de las laborales especialmente, en una sociedad democrática, las decisiones que les atañen e involucran no deben adoptarse sin su participación activa y sin agotar previamente la búsqueda del consenso y el real equilibrio de los diferentes intereses en juego.

El diálogo social es en consecuencia, el *instrumento válido por excelencia para desarrollar una sociedad participativa y comprometida*, que sea verdaderamente democrática. Si bien es un instrumento y no es un fin en sí mismo, posee un valor intrínseco fundamental porque una sociedad democrática no puede funcionar sin la participación activa y el compromiso de los grupos intermedios de la sociedad, y esa participación permanente en ámbitos diversos de diálogo social, a su vez consolida y fortalece a la democracia.

En este sentido el diálogo social es una herramienta de trabajo para la toma de decisiones que supone una forma de convivencia nueva, el ejercicio cotidiano de la democracia en los ámbitos sociales y económicos que coadyuva para que los actores involucrados apliquen reglas democráticas en su accionar diario, apostando a la conciliación de intereses diversos y al compromiso, y no a la confrontación ni a la indiferencia o pasividad.

Esa dialéctica permanente entre diálogo social y democracia supone que la forma en que se canaliza o procesa la conflictividad social tiene potencialidad para incidir a su vez en la conservación o alteración del ordenamiento político que permitió su exteriorización. El diálogo social evita entonces situaciones de conflicto constantes que de perdurar terminan por debilitar al propio sistema democrático, y el sistema democrático a su vez, es quien permite el desarrollo de estos ámbitos de concertación.

En una sociedad donde conviven individuos con diferentes visiones e intereses, el conflicto es inherente a su estructura y no puede ser desconocido, ni pueden ser suprimidas sus manifestaciones externas, ya que está implícito en toda sociedad pluralista.

El conflicto no es privativo de un ámbito concreto de la actividad humana sino que puede darse en cualquiera de ellos y surge cuando existen intereses no coincidentes de las partes que son interdependientes, de modo que su satisfacción depende de la conducta que adopten mutuamente.

En una sociedad democrática, donde los diferentes intereses se pueden expresar libremente, es natural que las discrepancias existentes, en algún momento puedan desembocar en un conflicto. El conflicto en sí mismo no es nocivo para la sociedad, siempre que logremos prevenirlo o encauzarlo y solucionarlo de manera pacífica cuando se presenta; esto es, aprender a gestionar el disenso.

En un proceso de integración con sistemas de relaciones laborales insertos en sociedades democráticas, es indispensable entonces reconocer la realidad del conflicto y su funcionalidad; pero también es necesario reconocer la necesidad de establecer mecanismos que permitan que eventuales conflictos se prevengan pacíficamente, y para ello es necesario institucionalizar instrumentos de prevención y solución de los mismos, de manera que se resuelvan con los menores efectos negativos y se potencien sus efectos positivos.

Esa tensión permanente y natural entre la naturaleza conflictiva de las relaciones sociales y laborales, y el interés y necesidad de los actores sociales de avanzar y convivir, cuando está equilibrada, genera paz social.

Para que exista una paz social razonable es necesario entonces gestionar los disensos para que los conflictos latentes no se exterioricen.

La conflictividad latente se previene y se encauza a través de la creación de ámbitos de concertación, donde las partes del conflicto puedan discutir sus respectivas visiones y llegar a acuerdos sobre las mismas; el diálogo social es entonces el método más adecuado para la prevención de los mismos.

En este sentido es notorio en la región el crecimiento de ámbitos institucionales de participación cada vez mayor de los actores sociales, sean de carácter sectorial, nacional y regional, y la institucionalización de ámbitos generales y permanentes de diálogo social y concertación para analizar las soluciones a los problemas generales del empleo y la competitividad, que buscan canalizar las inquietudes y propuestas de los actores sociales al respecto.

El diálogo social que incluye todas las instancias y ámbitos de interacción entre los actores sociales que no se expresen por medio del conflicto, es en consecuencia un *método de prevención* del mismo y a la vez una herramienta o instrumento para el fortalecimiento de la democracia y al aseguramiento de una paz social razonable, ya que supone el reconocimiento de las tensiones naturales e inevitables de una sociedad pluralista pero reconoce que esas tensiones solo son constructivas a condición de que puedan ser superadas por la sociedad donde se desarrollan.

A su vez para que el diálogo social sea funcional a esos objetivos, requiere que se dé entre actores fuertes, representativos e independientes, y para ello es fundamental la vigencia de los derechos humanos y de las libertades propias a todo sistema democrático.

En el ámbito laboral, un efectivo respeto del tripartismo y de la libertad sindical y una protección a la actividad sindical que promueva la autonomía colectiva, son requisitos para que se desarrolle un diálogo social real, sustantivo y fluido.

3. EL DIÁLOGO SOCIAL EN EL MERCOSUR

Las diversas manifestaciones del diálogo social en sentido amplio: concertación, pactos sociales, información y consulta, participación, tripartismo, declaraciones conjuntas, etcéteras, han sido fomentadas desde el proceso de integración del Mercosur, y en especial en materia de formación profesional, ese diálogo se ha dado con mayor riqueza y profundidad que en otras materias.

Del mismo modo el Mercosur ha hecho aportes interesantes para el mantenimiento en la región de sistemas democráticos donde se respeten los derechos humanos.

Desde esas diferentes perspectivas señaladas vamos a desarrollar los avances del diálogo social en el Mercosur y en especial en la formación profesional.

3.1. En el Protocolo de Ushuaia

Al inicio del proceso de integración del Mercosur existía en la región un estado de situación democrático que permitió generar el clima indispensable para suscribir el Tratado de Asunción y para generar condiciones adecuadas a un diálogo social regional; contexto que si bien no aseguraba el resultado, la continuidad y el seguimiento de las medidas concertadas, constituía un marco imprescindible para su desarrollo.

Sin embargo, la estabilidad democrática alcanzada tuvo algunos episodios preocupantes en Paraguay, que determinaron que los Jefes de Estado de los países integrantes del Mercosur, Bolivia y Chile emitieran sucesivas declaraciones al respecto.

En el Mercosur, a principios de 1996, ocurrió un hecho político que puso a prueba el sistema de integración regional: la virtualidad de un quiebre institucional en la República del Paraguay, provocó una rápida y enérgica reacción de los Jefes de Estado de los tres países restantes.

Las Cancillerías se movilizaron rápidamente, haciendo saber al gobierno de Paraguay, el respaldo institucional que los restantes países le prestaban y dejando en claro que en caso de ruptura del régimen democrático, la primera consecuencia sería su exclusión del bloque a los efectos económicos y comerciales.

El 26 de julio de 1996 los Presidentes del Mercosur, Chile y Bolivia firmaron la "Declaración Presidencial sobre el Compromiso Democrático en el Mercosur" (o del "Potrero de los Funes"), donde se acordó que la *Plena vigencia de las instituciones democráticas era una condición esencial para la cooperación en el ámbito del Mercosur y que toda alteración del orden democrático constituía un obstáculo inaceptable para la continuidad del proceso de integración".*

Asimismo se estableció que en caso de ruptura o amenaza de ruptura del orden democrático en un Estado miembro, se iniciarían consultas entre los países, y si estas resultaran infructuosas se consideraría la aplicación de medidas que podrían ir, desde la suspensión del derecho a participar en foros del Mercosur, hasta la suspensión de los derechos y obligaciones emergentes de las normas del Mercosur.

El 24 de julio de 1998 en la ciudad de Ushuaia se firmó el Protocolo de Ushuaia sobre "Compromiso democrático en el Mercosur, Bolivia y Chile", el cual ratifica los términos de la Declaración de 1996 en el sentido de la plena vigencia de las instituciones democráticas como condición indispensable para la existencia y desarrollo del Mercosur; establece el procedimiento a aplicar en caso de ruptura del orden democrático, que es similar al establecido en la Declaración que le precediera.

Por último se declara que el Protocolo es parte integrante del Tratado de Asunción y de los Acuerdos de integración firmados con Chile y Bolivia.

La importancia de la vigencia de la democracia es ratificada en 1999 con la Declaración de apoyo a la democracia paraguaya y a su proceso de normalización y fortalecimiento institucional, que condena y repudia el uso de la violencia como recurso de acción política, y que fuera suscrita en ocasión del asesinato del Dr. Luis María Argaña, Vicepresidente de Paraguay.

3.2. En las instituciones del Mercosur

En los aspectos instrumentales, en lo que hace a los ámbitos e instancias sociolaborales, la gran conquista ha sido la **consolidación del tripartismo** a nivel regional, pero también el impulso y desarrollo que en el nivel nacional han tenido los ámbitos de consulta y participación de los actores sociales, como consecuencia de la integración, y a nivel sectorial el fortalecimiento que han tenido las organizaciones de trabajadores y empleadores en la región.

En el **nivel regional** y con diferentes grados de participación, los órganos de integración tripartita o bipartita que se han conformado, de los que ya se ha dado cuenta en los capítulos anteriores son:

a. Subgrupo de Trabajo Nº 10 del Mercosur, de "Relaciones Laborales, Empleo y Seguridad Social", órgano auxiliar del GMC.

Como norma general, el Reglamento del GMC prevé que la participación de los sectores privados esté limitada a las etapas preparatorias de negociación, quedando la adopción de decisiones o recomendaciones reservada a los delegados gubernamentales.

Si bien formalmente esto es así, en la práctica su participación se ha dado tanto en las etapas preparatoria como decisoria de cada reunión regional del Subgrupo. Los delegados gubernamentales acordaron desde el inicio darle un funcionamiento muy flexible en ese aspecto, teniendo como objetivo siempre el agotamiento de la búsqueda del consenso tripartito, y solo en oportunidades excepcionales las decisiones adoptadas han surgido de un acuerdo de los Coordinadores Gubernamentales que integran el Subgrupo.

b. Comisión Sociolaboral del Mercosur. La Declaración Sociolaboral del Mercosur *"como parte integrante de la misma recomendó instituir una Comisión Sociolaboral como órgano auxiliar del GMC, de carácter tripartito, dotada de instancias nacionales y regional".*

La *Comisión Sociolaboral Regional* fue creada siguiendo tales lineamientos y con una integración tripartita plena, que supone que las decisiones que adopte en su seno deberán contar con el consenso expreso o tácito de todos sus integrantes. Su Reglamento Interno reguló su integración y profundizó su funcionamiento tripartito, estableciendo que incluso la Coordinación de la Comisión que corresponde al país que ejerce la Presidencia *pro tempore* deberá ser tripartita.

Las cuatro *Comisiones Sociolaborales Nacionales* reguladas por el citado Reglamento Interno son igualmente de integración tripartita plena, previéndose incluso una Coordinación semestral rotativa entre los tres sectores (gubernamental, empleador y trabajador); lo que supone que por primera vez una entidad del Mercosur, integrada por los Gobiernos –aún siendo de nivel nacional– podrá será coordinada por los sectores sociales, lo que es una reafirmación más del valor y alcance otorgado al tripartismo.

c. Foro Consultivo Económico y Social, órgano principal del Mercosur, donde participan empresarios y trabajadores en representaciones paritarias, así como otros integrantes de la sociedad civil que representan intereses diversos.

d. Consejo Gestor del Observatorio de Mercado de Trabajo del Mercosur, órgano tripartito dependiente del Subgrupo de Trabajo Nº 10, que tiene a su cargo la proposición de líneas de trabajo y actividades a realizar y promocionar a través del Observatorio de Mercado de Trabajo del Mercosur.

En el ámbito de las Reuniones de Ministros de Trabajo, corresponde señalar que si bien las mismas son de carácter intergubernamental, se ha planteado crear un órgano asesor de carácter tripartito.

Este hecho que demuestra su preocupación e interés por fomentar ámbitos de participación en su seno, y su jerarquía como órgano directamente auxiliar del CMC, lo coloca en una situación privilegiada para jugar un *papel referencial en materia de diálogo social* en todas las instancias intergubernamentales del Mercosur y ser un factor de promoción de la participación de los sectores privados dentro de las mismas.

Ello porque hay una reivindicación propia de este órgano en cuanto a la necesidad de avanzar en la integración y en las reformas estructurales emprendidas, a través de instancias de participación de la sociedad.

Este posicionamiento, así como su ubicación institucional y relacionamiento con las otras instancias regionales e internacionales, las hace constituir el ámbito propicio para fomentar la participación y el diálogo social como instrumento idóneo para avanzar y consolidar la integración en todas sus áreas.

En el **nivel nacional** funcionan hoy en varios países ámbitos tripartitos nuevos de carácter formal o informal creados como respuesta al proceso de integración, que preparan las posiciones a defender en las negociaciones regionales y que han permitido pensar en forma tripartita como país.

Asimismo, a partir del año 2001 comenzaron a funcionar en forma efectiva en cada uno de los países, las ya señaladas Comisiones Sociolaborales Nacionales, que han tenido reuniones permanentes para analizar y evaluar las Memorias presentadas por sus propios países y por los restantes del Mercosur.

Estos nuevos ámbitos de negociación, tanto a nivel nacional como regional le han dado una madurez y riqueza insospechada al diálogo social, donde es interesante observar las visiones y posicionamientos diferentes que se adoptan según el momento y el tema tratado, oscilando al inicio, entre la lógica de los alineamientos como países donde priman los intereses nacionales, a la lógica de posiciones sectoriales compactas, mereciendo destacarse en el último período la aparición de intereses regionales o comunitarios que han primado, frente a los anteriores, al momento de lograr los consensos.

Por último corresponde destacar que a **nivel sectorial** la integración regional ha fortalecido a las organizaciones de trabajadores y empleadores de la región, que han estrechado vínculos supranacionales.

Los sindicatos o entidades profesionales de trabajadores, a través de la Coordinadora de Centrales Sindicales del Cono Sur (CCSCS) crearon en su seno la Comisión Sindical del Mercosur, instancia de coordinación regional de las posiciones del sector frente al proceso de integración, y fundamentalmente frente a los ámbitos donde tienen participación efectiva.

A su vez los empleadores crearon, más recientemente, el Consejo Industrial del Mercosur y el Consejo de Cámaras de Comercio del Mercosur, a fin de dar respuesta coordinada a los planteamientos provenientes de la institucionalidad de la integración.

Estos agrupamientos sectoriales, además de constituir una herramienta de coordinación regional, implican la gestación de respuestas también sectorizadas pero enfocadas desde una perspectiva de espacio integrado, relevante tanto para su posicionamiento a la interna de ese espacio, como para su posicionamiento frente a otras instancias o procesos de integración.

3.3. En la elaboración de las normas

Como ya se expresara anteriormente al tratar sobre las normas laborales, una característica relevante del Mercosur es que todas ellas han sido gestadas o elaboradas con la participación activa de los actores sociales. Han surgido de negociaciones desarrolladas en el seno de órganos tripartitos y son el fruto de un trabajo permanente de búsqueda de consensos y equilibrios entre los tres actores del mundo del trabajo.

En esa génesis de la norma, su forma y su contenido final es el resultado de aportes de los tres sectores de los cuatro países, que luego de arduos y complejos procesos de negociación lograron concertar sus posiciones y acordar una disposición regional que regulara determinado tema.

Así nacieron la Declaración Sociolaboral del Mercosur, el Acuerdo Multilateral de Seguridad Social, el Repertorio de Recomendaciones Prácticas de Formación profesional, etcétera.

Desde esta perspectiva, las normas laborales del Mercosur son producto de la concertación, pero previamente, en su gestación, fueron instrumentos de un diálogo social que se desarrolló en un marco adecuado para que fuera fructífero.

Siguiendo a Habermas, podemos concluir que en los ámbitos sociolaborales del Mercosur se han dado las condiciones para establecer un verdadero diálogo social, esto es:

- con vigencia de las libertades políticas y de la libertad sindical;

- con una base de acuerdo que visualizó que las normas sociolaborales eran vitales para el desarrollo y el progreso de la integración;

- con organizaciones participantes fuertes, representativas y con capacidad técnica para presentar alternativas al debate;

- con un nivel adecuado de información sobre el tema de discusión y del contexto social y económico sobre el cual se debate.

3.4. En el seguimiento de los Derechos fundamentales

Como ya se expresara, el actual sistema de seguimiento y promoción de los derechos fundamentales del trabajo consagrados en el Mercosur, establece un procedimiento esencialmente participativo.

No solo porque dicho mecanismo está a cargo de órganos de integración tripartita plena en sus dos instancias, sino porque además, las organizaciones más representativas de trabajadores y empleadores, deben ser consultadas por los Ministerios de Trabajo en oportunidad de confeccionar las Memorias, abriéndose así un nuevo ámbito de consulta tripartita a nivel nacional, que supone una nueva instancia de participación de los actores sociales.

En este sentido la Declaración Sociolaboral del Mercosur y su mecanismo de seguimiento han revitalizado el tripartismo a través de estos órganos y procedimientos de consulta nuevos, marcando instancias de reflexión nacional y regional sobre temas de especial trascendencia, como son los derechos fundamentales laborales.

El seguimiento de los derechos a través del procedimiento de elaboración y examen de Memorias diseñado, someten a un triple análisis tripartito a los derechos fundamentales: al momento de elaborar las mismas, al ser examinadas por las Comisiones Nacionales en primera instancia, y al ser examinadas luego por la Comisión Regional.

Hoy podemos afirmar que los tres actores del mundo del trabajo tienen una visión más clara de los problemas comunes a enfrentar, la que ha sido impulsada en gran medida por el ejercicio del tripartismo en el proceso de elaboración, análisis y evaluación de Memorias, que han permitido a los actores sociales tener una visión de conjunto de la situación regional, de los avances, y especialmente de las dificultades que enfrentan los países para alcanzar niveles adecuados de desarrollo y de protección social.

3.5. En la Declaración Sociolaboral del Mercosur

El diálogo social está presente en forma explícita o implícita en varias disposiciones de la Declaración Sociolaboral.

Así, se establece explícitamente –en su sentido estricto– en el *art.13* "Diálogo social" que consagra el compromiso de los Estados de fomentar el diálogo social tanto en los ámbitos nacionales como regional, a través de mecanismos efectivos de consulta permanente entre gobiernos, trabajadores y empleadores, con el objetivo de garantizar mediante el consenso social, condiciones de crecimiento económico sustentable y con justicia social y mejora de las condiciones de vida.

Este compromiso de promover el diálogo y la concertación social, consultando y convocando en forma efectiva a los actores sociales regionales y nacionales, no solo supone el reconocimiento de la negociación, la concertación y el diálogo social como forma de solucionar sus diferencias y avanzar en la consecución de una sociedad más justa y con mejores condiciones de vida y trabajo, sino que implica una obligación de los Estados de adoptar medidas concretas al respecto.

Explícitamente, pero en un sentido amplio inclusivo de todas las formas de relacionamiento diferentes al conflicto, el diálogo social está previsto en el *art.10* "Negociación colectiva", que consagra el derecho de los empleadores o sus organizaciones y las organizaciones o representaciones de trabajadores a negociar y celebrar convenios o acuerdos colectivos para reglamentar las condiciones de trabajo, de conformidad con las legislaciones y prácticas nacionales.

En forma implícita se vinculan también con el diálogo social los *arts.8 y 9* "Libertad de asociación" y "Libertad sindical". Estos artículos, al consagrar el derecho de empleadores y trabajadores de constituir las organizaciones que estimen convenientes, sin injerencia de los Estados; y el derecho de los trabajadores a ser protegidos de todo acto que menoscabe la libertad sindical, y en especial garantizar su libertad de afiliación, no afiliación y desafiliación, su derecho a ser representados sindicalmente y a evitar despidos o perjuicios derivados de su actividad sindical, dan el marco para que se genere un diálogo social real entre actores fuertes y representativos de sus respectivos intereses.

Por último y en igual sentido el *art.12* "Promoción y desarrollo de procedimientos preventivos y de autocomposición de conflictos", consagra la obligación de los Estados de desarrollar y fomentar la utilización de procedimientos independientes e imparciales para prevenir conflictos a través del diálogo y la negociación en sentido amplio.

Muy someramente corresponde asimismo reseñar otras elaboraciones del ámbito sociolaboral del Mercosur que fomentan, en distintas áreas, la creación de ámbitos tripartitos de diálogo, negociación y búsqueda de soluciones concertadas para los problemas de los que se ocupan. Así, la Declaración de Trabajo Infantil, realizada por los Jefes de Estado a partir de la propuesta de la Comisión Sociolaboral; la Carta de Buenos Aires, también emitida por los Jefes de Estado; la Recomendación del Foro Consultivo Económico y Social respecto al tema del empleo; y la propuesta de recomendación respecto a la igualdad entre mujeres y hombres, elevada al GMC por la Comisión Sociolaboral.

3.6. Diálogo social y género en el Mercosur Sociolaboral

Uno de los aspectos en los cuales se ha puesto claramente de manifiesto la efectividad del diálogo social tripartito y multinstitucional, es el que refiere a la introducción de la perspectiva de género.

La promoción de la igualdad de oportunidades y trato en el ámbito sociolaboral ha tenido una concreción específica en el ámbito regional, al haberse instituido –con la cooperación de la OIT– las Comisiones Tripartitas de Igualdad en los cuatro países signatarios del Tratado y en Chile. Estas Comisiones, de carácter nacional, han coordinado regionalmente actividades y estrategias, con algunos resultados que pueden calificarse de sorprendentes.

La creación de estos ámbitos tripartitos a nivel de los países del Mercosur, donde se integran empleadores, trabajadores, Ministerios de Trabajo e instancias gubernamentales relacionadas con los derechos de las mujeres (Institutos, Ministerios o Secretarías de la Mujer) permitió consolidar estrategias para la introducción de un artículo específico (art.3) sobre "Igualdad entre mujeres y hombres" en la Declaración Sociolaboral, la priorización de ese derecho en el seguimiento de la Comisión Sociolaboral y la elaboración e introducción de indicadores que relevan el enfoque de género en la base de datos del Observatorio de Mercado de Trabajo del SGT 10.

Asimismo, el SGT 10, en la reunión de mayo de 2001, resolvió instruir a sus comisiones temáticas a efectos de que incorporaran el enfoque de género en forma transversal en el tratamiento de todos sus temas; acordándose establecer coordinaciones con la Reunión Especializada de la Mujer (REM) y la Comisión Sociolaboral (CSL), con el fin de realizar un tratamiento armónico del tema.

Estas pautas también fueron recogidas en resoluciones y propuestas de recomendación de la REM y de la Comisión Sociolaboral (CSL), resolviendo esta última que todas las memorias que se realizaran en cumplimiento del cometido de seguimiento de la Declaración Sociolaboral, debían incluir información estadística desagregada por sexo.

Finalmente, la Comisión Sociolaboral del Mercosur en el año 2001 elevó al GMC un proyecto de recomendación respecto a la *Promoción de la Igualdad entre Mujeres y Hombres*, exhortando a los Estados Parte a la realización de acciones preventivas, educativas, de difusión y de relevamiento de la información relativa al derecho a la igualdad y a incorporar las referidas acciones dentro de los objetivos de los Ministerios de Trabajo, en los ámbitos que se consideren más adecuados y garantizando la participación tripartita.

Si bien la propuesta de recomendación que la CSL elevara al GMC no ha sido objeto de tratamiento expreso por este órgano, la continuación de la sinergia conformada respecto al tema, da cuenta de la relevancia del diálogo social y de las estrategias de acción coordinadas para la consecución de objetivos tan caros al mundo del trabajo y a la consolidación democrática, como es el derecho a la igualdad de oportunidades y trato entre mujeres y hombres.

4. DIÁLOGO SOCIAL Y FORMACIÓN PROFESIONAL

El diálogo social como promoción del entendimiento en las relaciones humanas y especialmente en las relaciones laborales, se ha visto enriquecido al incluir a la formación profesional como uno de los temas objeto de concertación.

La formación profesional ha adquirido una creciente relevancia dentro de los temas centrales del mundo del trabajo, y por ende ha sido incluida en forma también creciente dentro de los ámbitos de diálogo social, y ello porque en su carácter de componente básico de las políticas de empleo se introduce inevitablemente en el diálogo de productividad y competitividad cuya temática interesa, tanto a trabajadores como a empleadores, como a los gobiernos y a la sociedad en su conjunto.

La formación profesional ha sido reivindicada como derecho de los trabajadores, y al considerarse también como un deber de los mismos, estos deben consecuentemente participar en su gestión, tanto en el diagnóstico de las necesidades como en el diseño de las políticas, en su implementación y en la evaluación de los resultados de las políticas implementadas; en virtud de que ello implica una forma de garantizar medidas adecuadas y coherentes con las necesidades e intereses de los diversos grupos de trabajadores a los cuales va dirigida y que tienen perfiles sociales y laborales distintos.

Asimismo los empleadores reivindican su participación en el diálogo social sobre formación, y por tanto en las diversas etapas de su gestión, como forma de garantizar la adecuación de los programas, políticas y acciones de formación profesional a las necesidades sectoriales, es decir que la formación profesional sea una efectiva herramienta para la optimización del sector productivo.

Las especificidades del diálogo social respecto a la formación profesional han sido expresamente señaladas en la Resolución de la OIT sobre Recursos Humanos del año 2000 donde se releva la coincidencia de objetivos comunes de los actores laborales por su doble calidad de derecho de los trabajadores e instrumento empresarial para el desarrollo de la producción, pero asimismo se visualiza la existencia de intereses y expectativas diversas respecto al resultado de la formación profesional: inserción laboral en mejores condiciones para los trabajadores y mejoramiento de la calidad de la mano de obra y por tanto de la producción para los empleadores. En tal sentido la Resolución citada establece *"los interlocutores sociales deberían fortalecer el diálogo social sobre la formación, compartir responsabilidades en la formulación de políticas de formación y educación y concertar acciones entre ellos o con los gobiernos para invertir en la formación, planificarla y llevarla a cabo. En la formación, las redes de cooperación también comprenden autoridades regionales y locales, diversos Ministerios, organismos sectoriales y profesionales, instituciones y proveedores de formación, ONGs, etcétera. Los gobiernos deberían establecer un marco para el establecimiento de asociaciones y un diálogo social efectivo en el marco de la formación que conduzca a una política coordinada de formación y educación y estrategias a largo plazo formuladas en consulta con los interlocutores sociales e integradas en políticas económicas y del empleo, que conduce a un sistema trasparente y global de información".*

También las instancias gubernamentales priorizan el diálogo social sobre formación profesional, en virtud de que los acuerdos resultado de la negociación respecto a programas, políticas y acciones, les otorgan mayor legitimidad y apoyo político a las decisiones que se implementen a nivel estatal.

Finalmente, el diálogo social en formación profesional es relevante para la sociedad en su conjunto, en virtud de que trasciende los ámbitos y actores laborales tradicionales al vincularse e introducir en la mesa de diálogo a otros ámbitos y actores públicos y privados, entre los cuales tiene un papel relevante el sector educativo. Es de destacar en este aspecto el rol que cumplen diversas entidades intermedias de la sociedad, tanto a nivel local como nacional y regional, que aportan experiencias prácticas enriquecedoras para la toma de decisiones.

La formación profesional y en especial el diálogo social al respecto, trascienden los aspectos relativos al mundo de trabajo para introducirse profundamente en otros ámbitos del área social, puesto que al promover la capacitación para el mejoramiento de las condiciones de trabajo y por ende el empleo en condiciones dignas, tiende a la reducción de la pobreza y la exclusión y a la consecución de la justicia social, valor fundamental para la construcción democrática y el desarrollo sustentable.

Todos los argumentos mencionados han sido el fundamento para la priorización de la formación profesional como tema de discusión a nivel de los ámbitos sociolaborales del Mercosur y ha sido el tema que ha logrado la mayor cantidad de consensos dentro de dichos ámbitos, lo que se concreta en diversos productos y resoluciones tanto a nivel del Subgrupo N° 10 y de la Comisión Sociolaboral del Mercosur, como a nivel de las instancias decisorias (GMC y CMC), lo que da cuenta de la transversalidad del diálogo social como herramienta para la consecución de soluciones válidas a los intereses y objetivos del mundo del trabajo.

De acuerdo a lo señalado, el tema de la formación profesional impulsó el diálogo regional entre los actores sociales en torno a la construcción de normas para su promoción en el proceso de integración, y las mismas normas y su instrumentación son a su vez promotoras de un diálogo social nacional sobre formación profesional que persiste y se retroalimenta.

Así la **Resolución N° 59/01 del GMC** que recoge la recomendación de la Comisión Sociolaboral en su art.1° promueve la construcción de una visión integral y sistémica de la formación profesional, *con la participación de las organizaciones más representativas de trabajadores y empleadores.* A su vez su art.2° recomienda que todo sistema o red nacional de formación profesional debe considerar las *sinergias de las instancias gubernamentales con las organizaciones de trabajadores y empleadores junto con los diversos agentes de la formación,* lo que destaca las ventajas de un diálogo social ampliado en esta materia.

Por su parte, el **Repertorio de Recomendaciones Prácticas** elaborado por el SGT 10 establece dentro de los principios o directrices regionales la "Formación profesional participativa" donde se reivindica el *ejercicio activo del derecho a la participación* de empleadores y trabajadores en la formulación y ejecución de las políticas y acciones en la materia y el consiguiente deber de los Estados de garantizar esa participación y fortalecer el diálogo social sobre formación, procurando entre todos los recursos necesarios para llevar a la práctica las acciones acordadas.

El reconocimiento de derechos relacionados con la educación para el trabajo y la constatación de que la formación profesional integra un proceso de retroalimentación y fortalecimiento de capacidades han sido instancias relevantes en el proceso de integración como lo ha sido también el fomento de instancias de diálogo social.

Como se expresara, diálogo social y formación profesional se han fortalecido mutuamente en el Mercosur. En primera instancia el diálogo social generó el reconocimiento del derecho a la formación profesional y con ello además se consolidó el diálogo social en su entorno; a su vez, los sucesivos pronunciamientos sobre formación profesional generados en el nivel regional recomiendan el establecimiento y fortalecimiento de instancias de diálogo social a nivel nacional sobre formación profesional, creando así un círculo virtuoso entre ambos.

5. DIÁLOGO SOCIAL BIPARTITO: LA NEGOCIACIÓN COLECTIVA SUPRANACIONAL

La negociación colectiva tiene la doble naturaleza de ser un mecanismo de prevención y de solución de conflictos. Es el medio autónomo por excelencia de regulación del conflicto laboral: lo previene pero también lo dirime, según las circunstancias en que se da la negociación. Esa doble función lo incluye dentro de las formas más desarrolladas de diálogo social, y de concertación social cuando a través de concesiones recíprocas se logra acordar y regular las condiciones de trabajo o las relaciones recíprocas.

Es una tendencia constatada, el aumento del contenido obligatorio del convenio colectivo a través del establecimiento de cláusulas de paz, de comisiones bipartitas y tripartitas de interpretación de las cláusulas del convenio, de aplicación de las mismas y de resolución de las discrepancias que surjan en su aplicación.

Hay una tendencia clara de pasar de la autorregulación a una regulación consensuada de las relaciones laborales, que demuestra la legitimación de los valores de la paz social por parte de los actores del mundo del trabajo.

Del mismo modo hay una tendencia hacia la regulación autónoma en temas nuevos, ajenos a la negociación colectiva tradicional, entre los que se encuentra la formación profesional.

En el contexto regional del Mercosur han surgido asimismo experiencias que recogen la tendencia a la concreción del diálogo social supranacional de carácter bipartito, mediante la introducción de negociación colectiva realizada a nivel de empresa pero con características comunes a las dependencias de más de un país.

En este sentido es dable señalar el "Acta de Acuerdo" suscrito en mayo de 1999 por la empresa Volkswagen de Argentina y Brasil y los sindicatos metalúrgicos de San Pablo y otros y el Sindicato de Mecánicos y Afines del Transporte Automotor (SMATA) de Argentina; un verdadero convenio colectivo transnacional de la empresa VW y los sindicatos de Brasil y Argentina que regula una serie de aspectos de las relaciones colectivas de trabajo con una dimensión regional, como lo establece el propio documento.

En cuanto a su contenido, el acuerdo abarca regulaciones referidas al intercambio de informaciones, prevención y solución de controversias, libertad sindical y –en lo que nos atañe especialmente– a la formación profesional.

Respecto al derecho a la información se acuerda que la empresa pondrá a disposición de los sindicatos y comisiones internas las informaciones necesarias para que estos tengan conocimiento de los aspectos más importantes de la actividad de la empresa, disponiéndose para ello la realización –por lo menos una vez al año– de una reunión conjunta de empresas, sindicatos y comisiones internas de cada país y planta.

En lo atinente a la prevención y solución de eventuales conflictos o controversias, las partes asumen el compromiso del diálogo permanente y de la priorización de la solución negociada.

En lo que refiere a la libertad sindical se reconoce el derecho de los trabajadores a constituir e integrar sindicatos y comisiones internas de fábrica, las que a su vez son reconocidas como interlocutoras a los demás efectos establecidos en la convención.

Por último, en lo que refiere a la capacitación profesional, la Cláusula 7 del convenio establece que *"los programas de capacitación laboral serán compatibilizados entre las diversas unidades de las empresas, respetándose por lo tanto las particularidades y necesidades técnicas resultantes de los procesos de producción respectivos. De acuerdo con las necesidades existentes y a las posibilidades de implementación, las empresas elaborarán programas de capacitación profesional llevando en consideración la cooperación, las contribuciones y sugerencias presentadas por los sindicatos y o por las comisiones internas de fábrica. Los entrenamientos, cursos, seminarios, etcétera, que conforman los programas de capacitación profesional en cualquier unidad de las empresas, serán automáticamente reconocidas entre cada una de ellas".*

Esta disposición es relevante no solo en virtud de lo que significa en cuanto a armonización de los programas de capacitación para todas las fábricas VW de la región, a la participación del sector trabajador a través de sindicatos y comisiones internas en el diseño de los programas de capacitación y a la validación automática y regional de cursos, seminarios y entrenamientos que se realicen en cualquiera de los establecimientos de la empresa, sino, más primariamente, la significación que tiene el hecho de que en un primer convenio bipartito regional, breve y escueto, se incluya entre los grandes temas objeto de acuerdo a la formación profesional. Y ello bajo un título "sistema de capacitación profesional" que implica el interés de continuar transitando en esa línea de trabajo, con el objetivo – no absolutamente explícito, pero sí anunciado– de propender al establecimiento de una política de formación profesional para el sector y la región.

Esta negociación colectiva regional, surgida naturalmente entre los interlocutores sociales pertenecientes a un mismo grupo de actividad y empresa trasnacional, es un exponente relevante del diálogo social, ya incipientemente instaurado en el Mercosur y que se nutre y a su vez enriquece la elaboración de los ámbitos institucionales del proceso de integración regional.

El Convenio Colectivo de la VW pone de manifiesto que a partir de ahora, conjunta y paralelamente con los acuerdos que concreten los actores sociales a nivel nacional, podrá desarrollarse una negociación colectiva regional, tanto de empresas trasnacionales o de sectores o ramas de actividad, siendo posible imaginarse que pudieran establecerse en el futuro "acuerdos marco" o "pactos sociales" como se han realizado en la Unión Europea entre la Confederación Europea de Sindicatos (CES) y la Unión Industrial de la Comunidad Europea (UNICE).

6.   HACIA LA PAZ SOCIAL

Es indudable que junto a los sistemas nacionales de relaciones laborales, se está conformando y desarrollando un modelo de relaciones laborales del Mercosur, escenario regional superpuesto, simultáneo y que interactúa con los modelos nacionales, con actores y dinámica propios.

La relevancia de estas formulaciones quedará comprobada al desarrollarse y consolidarse este nuevo sistema de relaciones laborales, con una óptica y conciencia de pertenencia regional y que implica, asimismo una nueva conciencia de la ciudadanía social.

Esta nueva dimensión de la ciudadanía, participativa y consciente de las diversidades e inequidades, implica la capacidad de los integrantes de la sociedad civil, en este caso empleadores y trabajadores, de asumir la existencia de intereses y objetivos diferentes para cada uno de los grupos; así como de la necesidad de llegar a acuerdos que permitan superar las visiones parciales a fin de obtener resultados negociados que satisfagan a ambas partes.

En este marco, el diálogo social es la herramienta más adecuada y el medio más idóneo para resolver, en forma pacífica y sin costos sociales adicionales, los conflictos que se suscitan en el marco de una sociedad democrática, nacional o ampliada.

La conciencia de las virtudes de la negociación, no solo de las condiciones de trabajo, sino del entorno vital de los trabajadores y empleadores como ciudadanos, es una de las premisas básicas para obtener la paz social, valor irrenunciable para consolidar cualquier proceso democrático –nacional o integrado– que propugne el desarrollo económico con justicia social.

CAPÍTULO VII

EVALUACIÓN Y CONCLUSIONES

1. EL MERCOSUR, DEBILIDADES Y POTENCIALIDADES

El proceso de integración del Mercosur, como su nombre lo indica, tiende a la consecución de un mercado común, esto es: una zona integrada con liberación total del comercio intrarregional, un arancel externo común en su comercio con los terceros países, y libre circulación de todos los factores de producción incluido el trabajo; estableciéndose además, en forma expresa, una política exterior común a los cuatro países, la coordinación de políticas macroeconómicas y sectoriales y la armonización de sus legislaciones en las áreas pertinentes.

Ese desarrollo comercial y económico que procura el Mercosur, según el propio Tratado Fundacional, tiene como objetivo último un fin social que es el mejoramiento de las condiciones laborales de los trabajadores y de las condiciones generales de vida de la población de la región.

Para alcanzar los objetivos propuestos debe instrumentarse, desarrollarse y consolidarse un marco jurídico e institucional adecuado al proceso de avance y profundización permanente de la integración en todas sus dimensiones.

Para ello es necesario avanzar lenta, gradual pero firmemente, concretando etapas para luego plantearse nuevos objetivos, realizables algunos en el corto plazo, en el mediano y largo plazo otros, de modo de ir conformando un espacio participativo y plural para diseñar políticas, garantizar derechos, elaborar normas y hacer el seguimiento y control de las mismas.

Mirado desde esta perspectiva general, se pueden detectar progresos pero también debilidades que suponen un freno para su desarrollo futuro.

1.1. Carencia de supranacionalidad

En este proceso general de conformación y consolidación de la integración regional, si bien se han realizado avances, se detectan aún las debilidades propias de un sistema de integración que carece de supranacionalidad, tanto sea referida a la integración de sus órganos como a su sistema normativo.

Cuando varios países se reúnen con el objetivo de formar un mercado regional que trasciende los vínculos meramente comerciales y económicos, llega un momento en que se vuelve necesario que los países cedan parte de su soberanía a instituciones comunitarias supranacionales, que representen un interés regional común a todos ellos sin perder de vista las características propias de estos.

En el Mercosur se ha llegado a una etapa de maduración en la cual es necesario plantearse el establecimiento de instituciones supranacionales que reflejen la voluntad comunitaria, en sustitución de la actual institucionalidad intergubernamental, conformada por representantes que responden a la voluntad coyuntural de los gobiernos, por esencia dinámica y cambiante. Esta "movilidad" de representantes y objetivos de los gobiernos se refleja en la composición de los órganos del Mercosur, determinando la inestabilidad de los ámbitos de negociación de los países, que se modifican conjuntamente con los Gobiernos, generando dilaciones y retrocesos.

Ello determina, además, que no haya una visualización, a nivel de los ámbitos de negociación, de la existencia de un proyecto común consolidado, puesto que en definitiva las decisiones son más resultado de las coyunturas nacionales que de la voluntad de acercarse a los objetivos planteados por la integración.

1.2. Carencia de representatividad efectiva de la sociedad civil

Ninguna construcción institucional puede ser duradera y sólida si no disfruta del apoyo popular y de la adhesión de las fuerzas sociales. Por eso también es imprescindible que en esa institucionalidad existan órganos que representen la ciudadanía, los sectores sociales, las regiones, etcétera, que sean escuchados y que puedan incidir efectivamente en las decisiones relativas al proceso. Ello es parte de la ciudadanía participativa que debe ser considerada e incluida en dicho proceso, como manifestación de un desarrollo democrático necesario.

En este aspecto existen también debilidades a nivel general derivadas del hecho de que los dos órganos principales que representan esos intereses (CPC y FCES) son de carácter meramente consultivo y asesor.

No hay en la institucionalidad del Mercosur ni en el proceso de toma de decisiones –con algunas excepciones como las del ámbito sociolaboral– participación de la sociedad civil, lo que implica un déficit en la conciencia de la existencia de un territorio ampliado y de objetivos comunes a todos sus habitantes. La carencia o debilidades en ese sentido de pertenencia es uno de los aspectos que deben revertirse para que el proceso de integración sea efectivo.

1.3. Carencias en el sistema de adopción de decisiones

La existencia de órganos supranacionales debería ser el primer paso para modificar el sistema de adopción de decisiones, sustituyéndose en algunas áreas, el sistema del consenso por el de mayorías cualificadas.

Ello implica establecer cuál es la relevancia que se le atribuye a cada uno de los Estados miembros a la hora de adoptar las decisiones, lo que es un tema extremadamente delicado y de gran trascendencia.

En primer lugar es necesario lograr que países con población, poderío y desarrollo diferentes, puedan ser oídos e incidir en el proceso de decisión en forma razonable, sin que ello implique renunciar al derecho de veto o de hacer pesar su posición cuando se trate de intereses nacionales vitales.

La posibilidad de emitir una respuesta negativa es la seguridad que tienen los países pequeños en su relación frente a los grandes, y estos en sus relaciones mutuas, de incidir y ser tenidos en cuenta en sus decisiones; pero debe establecerse medidas o procedimientos que impidan el uso desmedido de ese derecho o, dicho de otra forma, que aseguren su utilización acotada a las decisiones de especial trascendencia.

Por otra parte, la situación difiere cuando el derecho al veto es ejercido por una parte de la región o por un determinado número de países.

Así, se releva la importancia de poder adoptar algunas decisiones por mayoría calificada, que no vinculen el desarrollo del proceso a la voluntad de un solo país, pero que aseguren que las decisiones adoptadas responden a los intereses comunitarios y no perjudican especialmente a un grupo de países, sean estos los más pequeños, los menos desarrollados o los localizados en determinada región.

Este delicado equilibrio institucional debe concretarse en forma paulatina y para ello se requiere crear y fomentar una conciencia de pertenencia comunitaria en los ciudadanos, que priorice el bien común frente a los intereses, ideas e incluso determinados prejuicios nacionalistas.

En definitiva, es prioritario que el proceso de integración redefina el sistema de toma de decisiones, estableciendo como norma la adopción por mayoría calificada, salvo asuntos que por su trascendencia requieran una decisión por consenso.

La temática social es especialmente adecuada para ser objeto de dicho sistema de decisiones, a pesar de la dificultad que surge del reducido número de países y la notoria diferencia entre los dos mayores y los dos menores.

1.4. Carencia de eficacia plena de las normas de la integración

Otra de las debilidades del proceso de integración es la que refiere a la eficacia de las normas que emanan de los órganos del Mercosur, los que deberían tener –en consonancia con el sugerido *status* supranacional– naturaleza similar y eficacia vinculante inmediata. En suma, un mercado integrado debe tener, a su vez, la potestad de elaborar normas supranacionales de carácter vinculante.

Si bien hoy existe un sistema de aplicación simultánea de las normas obligatorias, debería tenderse a la consagración de un derecho inmediata y directamente aplicable y prevaleciente respecto al derecho nacional, con mecanismos de convergencia hacia un sistema supranacional con determinadas características:

Aplicabilidad inmediata: La norma comunitaria adquiere automáticamente estatuto de derecho positivo en el orden jurídico interno de los Estados miembros.

Aplicabilidad directa: La norma comunitaria crea ella misma derechos y obligaciones a los particulares, y los tribunales nacionales pueden y deben garantir esos derechos y sancionar los incumplimientos a las obligaciones comunitarias.

Primacía y prevalencia: La norma comunitaria se aplica con prioridad a la nacional y si hay contradicción entre ambas el juez nacional debe aplicar el derecho comunitario.

1.5. Carencia de Tribunales de Justicia de carácter regional y permanente

Si bien la inclusión de la *vía arbitral* en el sistema de solución de controversias del Mercosur constituye un importante avance, que por su carácter jurisdiccional significa un paso interesante en la aplicación de un ordenamiento jurídico propio de los procesos de integración más avanzados, sería necesario establecer un verdadero sistema judicial para la aplicación e interpretación del derecho comunitario.

Un proceso de integración requiere que dentro de los órganos comunitarios, necesariamente deban existir órganos independientes y especializados destinados a la solución de controversias.

La salvaguardia adecuada de los intereses de los países pequeños y de los ciudadanos, requiere un sistema adecuado para la aplicación e interpretación de sus normas, que favorezca las negociaciones entre sí y entre el Mercosur y otros países o bloques, al darle mayor certeza jurídica a todas las partes intervinientes.

El futuro sistema de solución permanente de controversias del Mercosur debería contar con:

*   un Tribunal de Justicia de funcionamiento permanente;

*   obligatoriedad de la instancia jurisdiccional;

*   fallos obligatorios, inapelables y definitivos;

*   interpretación uniforme del derecho comunitario, que permita su armónica aplicación;

*   aplicabilidad directa de las sentencias en el orden interno de los Estados Parte;

*   amplia posibilidad de acceso de las personas físicas y jurídicas particulares a la vía jurisdiccional del Tribunal.

1.6. Pautas para revertir las debilidades

De acuerdo a lo desarrollado, para revertir las debilidades o carencias detectadas, el Mercosur debería contar con una institucionalidad supranacional donde se equilibren órganos que representen los intereses comunitarios con otros vinculados a los intereses nacionales; órganos que representen a la ciudadanía en general y a determinados sectores representativos de la misma, como empresarios y trabajadores, para los temas laborales; órganos que por su constitución y funcionamiento permitan el justo equilibrio entre los Estados de diferente tamaño y desarrollo y que se adapten continuamente a los nuevos requerimientos de la integración y de los países que se van sumando al proceso.

Para que las instituciones u órganos de un proceso de integración comunitaria cumplan con sus cometidos deben disponer de autoridades propias, independientes de las autoridades gubernamentales, debiéndose asegurar el cumplimiento de ciertos requisitos: el nombramiento de sus integrantes, de común acuerdo entre los gobiernos, entre personas de reconocida competencia, desvinculados de los gobiernos, ajenos a las directivas de estos y que actúen en función de una lealtad comunitaria, proveniente del compromiso con la integración y sus objetivos.

A su vez la institucionalidad comunitaria debe tener independencia financiera, es decir recursos propios comunitarios y no dependientes de los aportes de los Estados, pasibles de ser incumplidos condicionando con ello el desarrollo del proceso.

Asimismo el proceso de integración deberá contar con un sistema de toma de decisiones que permita un uso restringido del derecho al veto, y una utilización fluida del procedimiento de mayoría calificada. Por último, debe contar con una eficacia normativa que parta de una aplicabilidad directa e inmediata de las decisiones, con valor y fuerza supranacional por sobre la normativa nacional, y con un sistema de solución de controversias regional y permanente, cuyas decisiones obliguen en forma inapelable y definitiva a quienes estén sujetos a su jurisdicción.

La institucionalidad del proceso de integración debe ser responsable de sus decisiones ante un órgano comunitario con facultades de control y también frente a la institución regional que represente los intereses de sus ciudadanos, la cual deberá ejercer sus controles también con una visión e interés regional, objetivo e imparcial.

Aplicación del Derecho Comunitario originario y derivado en forma inmediata, directa y prevaleciente; órganos actuando con criterio comunitario y un Tribunal de Justicia comunitario permanente, son los ejes básicos sobre los cuales debe transitarse para remover las actuales debilidades del proceso de integración regional.

2. DEBILIDADES Y POTENCIALIDADES DE LA DIMENSIÓN LABORAL DEL MERCOSUR

2.1. Las conquistas

Es indudable que en los últimos años se ha dado un salto cualitativo relevante en la construcción del espacio social del Mercosur.

Este proceso de integración ha demostrado sus potencialidades como instrumento para desarrollar políticas sociales armónicas en la región.

En el **aspecto institucional** se han afianzado los órganos existentes y se han creado otros, que abarcan el tratamiento de gran parte de los temas sociolaborales y permiten enfocar los mismos desde diferentes perspectivas y con líneas de acción complementarias. En este aspecto la institucionalidad sociolaboral del Mercosur ha constituido un verdadero "sistema", donde cada órgano tiene una función y un rol específico que cumplir.

Ese sistema institucional es aún incipiente, dada la reciente creación de algunos de sus órganos, con el consiguiente delineamiento primario de sus perfiles propios. En ese sentido el proceso de consolidación y desarrollo del espacio sociolaboral, registra etapas diferentes con actividad de distintos órganos que diseñan, gestionan o implementan, aprueban y controlan el cumplimiento de las decisiones.

Así, en el Mercosur laboral hoy coexisten, articulan y complementan sus cometidos, diversos órganos:

a. órganos de claro perfil político que adoptan decisiones en cuanto al impulso y prioridad en el tratamiento de los diversos temas, que son las **Reuniones de Ministros de Trabajo** y las **Reuniones de Coordinadores del Subgrupo N° 10**, asesorados o en consulta con los sectores sociales que participan de las diversas instancias;

b. un órgano técnico político tripartito que da forma a esas prioridades y elabora normas, gestiona e implementa el tratamiento de los temas, que es el **Subgrupo de Trabajo N° 10**, que como Subgrupo de Trabajo está encargado de la coordinación de las políticas sectoriales, haciendo las propuestas y recomendaciones que entiende pertinentes para la coordinación de las políticas laborales de los países integrantes del Mercosur;

c. órganos decisorios, que recogen las propuestas laborales en normas de diversa naturaleza, pudiendo otorgarles el carácter de norma obligatoria dentro del Mercosur, que son el **Grupo Mercado Común** y el **Consejo Mercado Común**;

d. un órgano de promoción, fomento y control del cumplimiento de algunas normas elaboradas y aprobadas por el procedimiento anterior: la **Comisión Sociolaboral**, que, hasta hoy, se circunscribe a realizar el seguimiento de la Declaración Sociolaboral del Mercosur.

El relacionamiento dinámico y recíprocamente proactivo que se plantea entre los referidos órganos, ha tenido una concreción inicial a partir del año 2001, cuando comenzaron a observarse interesantes sinergias entre los distintos ámbitos institucionales, fundamentalmente entre la Comisión Sociolaboral, el Subgrupo N° 10 y el Grupo Mercado Común; lo que lleva a considerar la necesidad de consolidar ambos órganos sociolaborales, en razón de la distinta naturaleza de sus cometidos y su mutuo enriquecimiento, que permite avanzar en nuevas líneas de trabajo para el futuro.

En el aspecto referido a **armonización normativa** se ha consolidado un piso mínimo común de derechos fundamentales de trabajadores y empleadores, tanto en el área laboral como de la seguridad social, con compromisos importantes asumidos por los Estados Parte.

La Declaración Sociolaboral del Mercosur por su carácter abierto y dinámico, constituye una plataforma de salida para un futuro ordenamiento regional, que expresa la conciencia sociolaboral de la región; sirviendo de guía e inspiración para interpretaciones, normas y políticas en materia laboral y consagra la idea de la progresividad de los derechos sociales, comprometiendo a todos los actores sociales en un trabajo futuro permanente con el objetivo de lograr la ampliación de los mismos y su vigencia efectiva en los países de la región.

El Subgrupo N° 10, redactor de la Declaración, ha ido consolidando su perfil como órgano elaborador de normas en un paralelismo con el cometido legislativo de desarrollar los principios y derechos fundamentales recogidos en las Constituciones Nacionales.

Así, la Declaración Sociolaboral del Mercosur en su carácter de instrumento abierto y dinámico, y esta nueva actividad del Subgrupo tendiente a desarrollar los derechos consagrados, podrían constituir el germen básico de un futuro ordenamiento regional, representativo de la conciencia sociolaboral de la región.

Del mismo modo, la actividad de fomento y seguimiento del cumplimiento de esos derechos que realiza la Comisión Sociolaboral podría también ser el germen de un futuro órgano jurisdiccional regional especializado en la materia.

En los aspectos de **armonización y coordinación de políticas laborales,** se ha avanzado en un conocimiento recíproco importante de las realidades y experiencias nacionales, rescatándose sus diferencias, fortalezas y debilidades.

Este conocimiento global de la región obtenido a través de las Memorias, de la información que ya existe y la que se seguirá consolidando en el Observatorio de Mercado de Trabajo y otras investigaciones y actividades que desarrolla el SGT N° 10, permitirá en un futuro delinear acciones de apoyo y complementación recíproca en diversos ámbitos y fomentará la adopción de políticas y acciones en el nivel nacional, tendientes a alcanzar determinados objetivos comunes que en el nivel regional se hayan detectado como los más adecuados para mejorar las condiciones de trabajo de sus habitantes.

En tal sentido la reciente elaboración de pautas rectoras que orienten las políticas nacionales sobre diversos temas del ámbito laboral se presenta como un instrumento idóneo para la convergencia de políticas laborales en la región. Esta nueva línea de trabajo se ha instrumentado, con diferentes grados de avance, en los temas de formación profesional, competencias laborales y seguridad y salud en el trabajo, respectivamente.

Estas normas concebidas desde su génesis como no vinculantes, suponen un esfuerzo tripartito interesante para la convergencia paulatina de políticas laborales dentro de la región y tienen un contenido potencialmente adecuado para generar futuras normas regionales obligatorias a medida que se vaya consolidando el proceso de integración del Mercosur y su dimensión sociolaboral.

También como consecuencia de estos avances, el Subgrupo ha reorientado su actividad hacia el análisis de asimetrías de los institutos del Derecho Laboral que incorpora la Comisión Sociolaboral a su agenda de Memorias y la ratificación prioritaria de instrumentos internacionales y americanos que consagran derechos fundamentales.

La perspectiva de género –como se señalara en capítulos anteriores– es otro tema que ha permeado todos los ámbitos sociolaborales: tanto el Subgrupo Nº 10 como la Comisión Sociolaboral resolvieron transversalizarla en todos sus trabajos y el Observatorio de Mercado de Trabajo se encuentra incorporando índices que la relevan.

En los **aspectos instrumentales**, es notable la consolidación del tripartismo a nivel regional, y la generación de ámbitos nacionales de consulta y participación de los actores sociales, como consecuencia de la integración, ejemplo de los cuales son las Comisiones Sociolaborales Nacionales y la consulta a las organizaciones más representativas de trabajadores y empleadores, para la confección de las Memorias.

También cabe reseñar como fortaleza adquirida en el desarrollo del proceso de integración, la consolidación del diálogo social como herramienta para la elaboración de normas consensuadas y estrategias conjuntas de promoción del ámbito sociolaboral, temas que ya han sido desarrollados en el Capítulo anterior.

En lo que refiere a los **sistemas de seguimiento de los derechos consagrados**, el avance se constata en la consolidación del funcionamiento práctico del procedimiento de análisis y examen de las Memorias y la receptividad de los órganos decisorios a las propuestas tendientes a la armonización de políticas sociales a nivel regional.

En términos generales las señales obtenidas fueron alentadoras:

En *primer lugar* los países elaboraron *las memorias previstas en la DSL* y en términos generales se ajustaron a la información solicitada, con un *diagnóstico completo* de las realidades nacionales.

En *segundo lugar* se dio cumplimiento a los **procedimientos de consulta y participación tripartita** con las organizaciones más representativas de empleadores y trabajadores.

En *tercer lugar* la concurrencia de sectores y países a las reuniones regionales ha permitido cumplir sobradamente con el *quórum* necesario para sesionar.

En *cuarto lugar* y en lo referente a los **consensos tripartitos**, primó un espíritu de concertación que permitió acordar propuestas respecto a los derechos tratados que revelan el interés de promoverlos efectivamente y tener condiciones laborales armonizadas en el Mercosur.

En *quinto lugar* y en lo atinente a las **respuestas del GMC y del CMC a las propuestas,** implicaron la incorporación dentro de sus prioridades –básicamente referidas a los asuntos comerciales y arancelarios– de temas que atañen a las relaciones humanas en el campo laboral. Ello da cuenta de su interés en armonizar políticas sociales especialmente en materia de formación profesional, elemento clave para el éxito del proceso regional de integración en un contexto mundial de globalización, y en materia de erradicación del trabajo infantil, objetivo fundamental para la consagración del trabajo decente.

Finalmente y en *sexto lugar* las actividades realizadas implicaron el nacimiento ya señalado de **sinergias** entre la Comisión Sociolaboral y el Subgrupo N° 10, en el camino de construir políticas armonizadas en el área social.

2.2. Las debilidades

Así como se pueden relevar avances y conquistas en la dimensión sociolaboral del Mercosur, se detectan también debilidades en su funcionamiento práctico, que han motivado en los últimos tiempos una serie de propuestas de reestructura de los órganos que actúan en esa dimensión y el convencimiento de que se vuelve imprescindible una reflexión crítica con el objetivo de optimizar su funcionamiento y no duplicar esfuerzos.

Una de las carencias detectadas es la falta de un procedimiento de seguimiento de las propuestas de los órganos laborales elevadas a los órganos decisorios así como de las decisiones efectivamente aprobadas por los referidos órganos.

En cuanto a las propuestas elevadas por el SGT 10 y la Comisión Sociolaboral del Mercosur, se ha constatado la necesidad de mantener un seguimiento más cercano al proceso de formación de la decisión en el ámbito del GMC y eventualmente participar en dicho proceso. El desconocimiento de las razones de un rechazo o silencio sobre determinadas propuestas, impide a los proponentes definir estrategias al respecto, como ha sucedido con la propuesta de recomendación de la CSL sobre el art.3 de la Declaración Sociolaboral, "Igualdad entre mujeres y hombres".

A tal efecto, en su reunión conjunta de mayo de 2003, la CSL y el SGT 10 resolvieron que un delegado de los órganos laborales del país que ejerza la presidencia *pro tempore*, concurra a las reuniones del GMC para brindar información complementaria que este le requiera, y acceder a otras informaciones que le suministre el GMC en función de sus temas. Lo anterior es sin perjuicio de los esfuerzos de coordinación que las Seccionales Nacionales de los órganos laborales deberían realizar con las Seccionales Nacionales del GMC de su respectivo país, para impulsar el tratamiento y aprobación de las propuestas laborales que se eleven.

En cuanto a las propuestas efectivamente aprobadas por los órganos decisorios, la debilidad radica en que algunas resoluciones no determinan el ámbito institucional responsable del seguimiento de las tareas contenidas en las mismas. Esta indefinición implica un riesgo cierto de que los Estados Parte no hagan los esfuerzos pertinentes por ajustar sus acciones a las pautas establecidas en las decisiones.

Mecanismos de seguimiento como los establecidos en la Declaración Sociolaboral o la Declaración sobre Erradicación de Trabajo Infantil deberían establecerse en todas las decisiones, a efectos de consolidar la responsabilidad de los gobiernos en la implementación de las mismas,

Otra debilidad emergente del desarrollo de los órganos sociolaborales es una cierta indefinición o superposición de roles y competencias del SGT 10 y la CSL, lo que incluso llevó a la formulación de propuestas de fusión de ambos. Recientemente se ha desechado tal posibilidad, estableciéndose específicamente que los cometidos del SGT 10 refieren a la formulación de propuestas de armonización de las políticas laborales y de la seguridad social, mientras que los de la CSL refieren a la promoción de los derechos consagrados a nivel regional.

El SGT 10 debería abocarse a consolidar –a través del Observatorio del Mercado de Trabajo y otras herramientas con las que cuenta– la información sociolaboral regional (datos estadísticos, investigaciones, etcétera) a fin de elaborar propuestas de armonización de políticas, fundamentalmente a través de proyectos de directrices normativas. Asimismo deberá dar difusión en el ámbito regional a la información recabada y establecer un programa de acciones basado en la priorización de determinados ejes temáticos. Con ello se podrá establecer un plan de trabajo en base a objetivos claros y concretos, dando continuidad a los temas y líneas de trabajo definidas como prioritarias.

La CSL debería abocarse a la promoción y seguimiento de los derechos sociolaborales regionales, proponiendo acciones para su efectivo cumplimiento, basadas en las memorias e informes elaboradas por los países.

3. LA FORMACIÓN PROFESIONAL EN EL MERCOSUR: EVALUACIÓN DE SUS AVANCES

A modo de síntesis e intentando evaluar los avances, dificultades y desafíos del abordaje de la formación profesional en el proceso de integración del Mercosur, es posible rescatar:

a) **Como logros y avances en la materia:**

1. El reconocimiento de la formación profesional como derecho fundamental de todos los trabajadores en la región.

2. La formulación de directrices consensuadas con los actores sociales para la futura convergencia y adopción coordinada de políticas y acciones nacionales en materia de formación profesional, tendientes a darle vigencia efectiva al derecho consagrado.

3. Un mecanismo tripartito de seguimiento y promoción del derecho a la formación profesional, con idéntica finalidad.

4. Una visión común en el Mercosur de la situación de la formación profesional y especialmente de las dificultades que enfrentan los países en la materia, originada por el ejercicio del tripartismo en el proceso de elaboración, análisis y evaluación de la Memoria del art.16 de la Declaración Sociolaboral.

5. Información general sobre la formación profesional obtenida o a obtener a través de las Memorias, matriz y datos periódicos con los que se alimenta el Observatorio de Mercado de Trabajo, que permitirá en el futuro, –con un proceso permanente de mejora, ampliación y actualización de la misma–, acciones de cooperación y complementación recíproca en materia de capacitación.

b) **Como dificultades o potenciales debilidades futuras:**

1. La sensibilización aún insuficiente en los ámbitos decisorios del Mercosur, de la relevancia de la formación profesional como herramienta fundamental de desarrollo económico y social del bloque, que debería

estar presente en forma transversal en todos los ámbitos de negociación relacionados con la economía y los sectores productivos.

2. El abandono sin justificación visible de algunos objetivos trazados, que determinan la falta de continuidad en el tratamiento de temas de interés para la región en materia de formación profesional, como ha sucedido con los temas de competencias laborales o con las líneas de complementación y cooperación en la materia.

3. La carencia de una efectiva coordinación con el ámbito regional de la educación, lo que ha implicado desinformación respecto a los avances recíprocos y eventual superposición de tareas.

En tal sentido un **desafío** para el futuro es complementar y desarrollar el contenido actual del derecho a la formación profesional y lograr que este, así como las recomendaciones y directrices comunes acordadas, pasen a integrar las normas propias de un derecho comunitario directa e inmediatamente aplicable, sometido al control de órganos jurisdiccionales regionales.

Otro desafío planteado es procesar la rica información que se ha obtenido sobre formación profesional y la que se obtenga en el futuro, para diseñar e implementar acciones concretas al respecto.

4. PAUTAS PARA UNA FUTURA AGENDA SOCIOLABORAL

Dos hilos conductores deberían ser las pautas legitimantes y el substrato indispensable a la hora de pensar una futura agenda sociolaboral: su elaboración e implementación a través del diálogo social y la participación de la sociedad, en especial trabajadores y empleadores, destinatarios últimos de todas las políticas en la materia; y por el otro lado la determinación de que las acciones a promover deberán serlo en clave de derechos humanos y de trabajo decente puesto que las decisiones que se adopten al respecto incidirán fuertemente en el desarrollo futuro de la región.

Con esas pautas la agenda sociolaboral del proceso de integración debería incluir:

*   La revisión y ampliación permanente de los derechos incluidos en la Declaración Sociolaboral y la optimización de los mecanismos de seguimiento de los mismos.

*   La profundización de los procedimientos de convergencia de políticas y programas en materia sociolaboral, considerando que todos los países a

través de sistemas nacionales diversos deben responder a similares desafíos, armonizar determinados principios básicos o ideas rectoras que se acuerden en el ámbito regional y que orienten y se concreten en las acciones y políticas emprendidas en los niveles nacionales. En tal sentido una de las tareas relevantes del SGT 10 sería continuar formulando directrices regionales relacionadas con los derechos consagrados o a consagrar a nivel regional.

- La creación de bases de datos y mejora de las existentes a fin de permitir su cotejo, sobre la base del compromiso de gobiernos y sectores sociales de aportar información confiable, transparente y periódica.

- La instrumentación de acciones de cooperación que permitan el intercambio de información y experiencias así como la realización de estudios e investigaciones conjuntas en materias de interés común que se transformen en insumos accesibles para los operadores clave en las respectivas áreas a nivel nacional, a fin de concretar acciones efectivas.

- El mejoramiento de las acciones de difusión respecto a los avances logrados, a efectos de darles visibilidad e impacto, como forma de crear una identidad regional.

- La instrumentación de acciones de complementación en materia sociolaboral, fundamentalmente de formación profesional, que mejoren el uso de los recursos materiales y humanos destinados a tal fin, como el uso compartido, acceso y aprovechamiento por los trabajadores de la región, de centros de capacitación profesional de excelencia que funcionen en cualquiera de los países; y la implementación en zonas de fronteras, de acciones conjuntas para la reconversión y mejora de las calificaciones de trabajadores afectados a sectores productivos en dificultad y para el desarrollo conjunto de acciones piloto para la reconversión o reactivación de los mismos.

- La convergencia de esfuerzos nacionales, fomentando la colaboración en ámbitos concretos entre entidades de capacitación, universidades, etcétera, que permitan reorganizar y ordenar los recursos destinados a educación y formación profesional, para un mejor conocimiento y aprovechamiento de los mismos.

- La determinación de acciones encaminadas a fomentar la movilidad de los trabajadores a través del reconocimiento de las competencias laborales.

- La profundización de la perspectiva de género en todas las actividades relacionadas con el ámbito sociolaboral.

En definitiva, la agenda deberá propender, en el futuro, a la consecución de un verdadero proyecto de integración comunitaria, con un ordenamiento jurídico e institucionalidad de carácter supranacional.

5. COMPROMISOS Y DESAFÍOS

Las instituciones sociolaborales del Mercosur tienen un importante rol a cumplir: la armonización de normas y políticas sociales, a fin de lograr –conjuntamente con el resto de la institucionalidad regional– el objetivo final de la integración, que es el desarrollo económico con equidad social.

La Declaración Sociolaboral del Mercosur es potencialmente idónea para impulsar la profundización de una dimensión social regional a través de la promoción y desarrollo de los derechos fundamentales consagrados. La instrumentación de los principios consensuados a nivel regional, deberá orientar la adopción de medidas convergentes en el plano nacional que garanticen efectivamente el goce de los derechos laborales fundamentales.

Un primer desafío para el futuro ha de consistir en la ampliación de los derechos consagrados a nivel regional y lograr que estos pasen a integrar las normas propias de un derecho comunitario, directa e inmediatamente aplicable, sometido al control de órganos jurisdiccionales regionales.

Un segundo desafío en ese sistema dinámico que desarrolla el Mercosur y que compone la insoslayable dimensión social de todo proceso de integración, es que tenga la capacidad permanente de evaluar los impactos de las iniciativas y políticas adoptadas sobre la sociedad en general y sobre los sectores más vulnerables de ella en particular, con el fin de mejorar la cohesión social de la región.

El proceso del Mercosur integra a su vez un complejo de respuestas frente a la globalización, dentro del cual también participan otros procesos y todos ellos convergen hacia instancias de integración cada vez más amplias. Consolidar una dimensión social dentro del Mercosur será un paso necesario para incidir en la inclusión de esta dimensión dentro de las negociaciones hemisféricas de integración y lograr que estas sean más participativas.

Un tercer desafío en tal sentido implicará la búsqueda de principios comunes a todos los procesos regionales y subregionales de integración a efectos de consolidar un bloque de normas o directrices básicas armónicas, que tengan como marco de referencia los principios y derechos fundamentales contenidos en las normas internacionales de trabajo.

En cuarto lugar es necesario que ese conjunto de principios que deben consolidarse como un instrumento de garantía de los derechos sociolaborales básicos, se continúen elaborando e implementando a través del diálogo social y la participación de toda la sociedad.

La participación, concertación y compromiso de todos sus integrantes en la búsqueda constante de un equilibrio entre el desarrollo económico basado en la competitividad y el desarrollo social basado en la distribución equitativa de los beneficios logrados, son claves para la consolidación en la región de los principios democráticos y de la paz social.

En tanto el Mercosur mantenga ese equilibrio, podrá seguir avanzando en forma permanente y firme en el logro de la cohesión social de la región e incorporarse a procesos más amplios de integración que consoliden una perspectiva socialmente adecuada de la globalización.

No hay integración estable entre países inestables, y en el contexto actual una de las principales fuentes de inestabilidad en la región provienen de lo social.

En tal sentido existe una relación directa entre la capacidad de desarrollar y profundizar la integración y la capacidad de profundizar el desarrollo social como factor de estabilidad institucional.

No será posible consolidar una integración estable si los países integrados no pueden resolver conjuntamente las tensiones sociales.

Si bien el equilibrio macroeconómico es una condición previa para el crecimiento sostenido, no es menos cierto que cuanto más sólida sea la base social de las políticas económicas, mayor será su sustentabilidad.

El proceso de desarrollo requiere políticas públicas y sociales, tanto nacionales como regionales que incorporen elementos de equidad en ese desarrollo y ello es una decisión eminentemente política que debe adoptarse y mantenerse a lo largo de todo el proceso de integración. Es por eso preocupante que la difícil coyuntura por la que atraviesa la región desestimule la profundización de la integración en general y de sus aspectos sociales en particular.

La coyuntura actual permite prever un sustancial avance del Mercosur en cuanto existe una conciencia política clara del interés estratégico de su desarrollo, fundamental para su promoción. Esta conciencia política sumada a la asunción de responsabilidades con referencia al desarrollo social de los países de la región, es la clave insoslayable para viabilizar un proyecto comunitario y una conciencia de pertenencia regional. El interés, el compromiso y el esfuerzo de los Estados, en conjunto con la sociedad civil, debe ser sostenido y permanente para que se refleje en una mejora efectiva de las condiciones laborales y sociales de la región.

ANEXO DOCUMENTAL

1. DECLARACIÓN SOCIOLABORAL DEL MERCOSUR

Los Jefes de Estado de los Estados Parte del Mercado Común del Sur,

Considerando que los Estados Parte del Mercosur, reconocen, en los términos del Tratado de Asunción (1991), que la aplicación de las actuales dimensiones de sus mercados nacionales, mediante la integración, constituye condición fundamental para acelerar los procesos de desarrollo económico con justicia social;

Considerando que los Estados Parte declaran, en el mismo Tratado, la disposición de promover la modernización de sus economías para ampliar la oferta de bienes y servicios disponibles y, consecuentemente, mejorar las condiciones de vida de sus habitantes;

Considerando que los Estados Parte, además de Miembros de la Organización Internacional del Trabajo (OIT), ratificaron los principales convenios que garantizan los derechos esenciales de los trabajadores, y adoptan en gran medida las recomendaciones orientadas para la promoción del empleo de calidad, de las condiciones saludables de trabajo, del diálogo social y del bienestar de los trabajadores;

Considerando además que los Estados Parte apoyaron la "Declaración de la OIT relativa a los Principios y Derechos Fundamentales en el Trabajo" (1998), la cual reafirma el compromiso de los Miembros de respetar, promover y poner en práctica los derechos y obligaciones expresados en los convenios reconocidos como fundamentales dentro y fuera de la Organización;

Considerando que los Estados Parte están comprometidos con las declaraciones, pactos, protocolos y otros tratados que integran el patrimonio jurídico de la Humanidad, entre ellos la Declaración Universal de los Derechos Humanos (1948), el Pacto Internacional de los Derechos Civiles y Políticos (1966), el Pacto Internacional de los Derechos Económicos, Sociales y Culturales (1966), la Declaración Americana de Derechos y Obligaciones del Hombre (1948), la Carta Interamericana de Garantías Sociales (1948), la Carta de la Organización de los Estados Americanos –OEA– (1948), la Convención Americana de Derechos Humanos sobre Derechos Económicos, Sociales y Culturales (1988);

Considerando que diferentes foros internacionales, entre ellos la Cumbre de Copenhague (1995), han enfatizado la necesidad de instituirse mecanismos de seguimiento y evaluación de los componentes sociales de la mundialización de la economía, con el fin de asegurar la armonía entre progreso económico y bienestar social;

Considerando que la adhesión de los Estados Parte a los principios de la democracia política y del Estado de Derecho y del respeto irrestricto a los derechos civiles y políticos de la persona humana constituye base irrenunciable del proyecto de integración;

Considerando que la integración involucra aspectos y efectos sociales cuyo reconocimiento implica la necesidad de prever, analizar y solucionar los diferentes problemas generados, en este ámbito, por esa misma integración;

Considerando que los Ministros de Trabajo del Mercosur han manifestado, en sus reuniones, que la integración regional no puede restringirse a la esfera económica, sino debe alcanzar la temática social, tanto en lo que se refiere a la adecuación de los marcos regulatorios laborales a las nuevas realidades configuradas por esa misma integración y por el proceso de globalización de la economía, como al reconocimiento de un nivel mínimo de derechos de los trabajadores en el ámbito del MMercosur, correspondiente a los convenios fundamentales de la OIT;

Considerando la decisión de los Estados Parte de consolidar en un instrumento común los progresos ya logrados en la dimensión social del proceso de integración y sostener los avances futuros y constantes en el campo social, sobre todo mediante la ratificación y cumplimiento de los principales convenios de la OIT;

Adoptan los siguientes principios y derechos del trabajo, que pasan a constituir la "Declaración Sociolaboral del Mercosur", sin perjuicio de otros que la práctica nacional o internacional de los Estados Parte haya instaurado o vaya a instaurar:

Derechos Individuales

Artículo 1°. No Discriminación

1. Todo trabajador tiene garantizada la igualdad efectiva de derechos, trato y oportunidades en el empleo y ocupación, sin distinción o exclusión en razón de raza, origen nacional, color, sexo y orientación sexual, edad, credo, opinión política o sindical, ideología, posición económica o cualquier otra condición social o familiar, en conformidad con las disposiciones legales vigentes.

2. Los Estados Parte se comprometen a garantizar la vigencia de este principio de no discriminación. En particular se comprometen a realizar acciones destinadas a eliminar la discriminación respecto de los grupos en situación de desventaja en el mercado de trabajo.

Artículo 2°. Promoción de la igualdad

1. Las personas con discapacidades físicas o mentales serán tratadas en forma digna y no discriminatoria, favoreciéndose su inserción social y laboral.

2. Los Estados Parte se comprometen a adoptar medidas efectivas, especialmente en lo que se refiere a la educación, formación, readaptación y orientación profesional, a la adecuación de los ambientes de trabajo y al acceso a los bienes y servicios colectivos, a fin de asegurar que las personas discapacitadas tengan la posibilidad de desempeñarse en una actividad productiva.

Artículo 3°

Los Estados Parte se comprometen a garantizar, a través de la normativa y prácticas laborales, la igualdad de trato y oportunidades entre mujeres y hombres.

Artículo 4°. Trabajadores Migrantes y Fronterizos

1. Todo trabajador migrante, independientemente de su nacionalidad, tiene derecho a ayuda, información, protección e igualdad de derechos y condiciones de trabajo reconocidos a los nacionales del país en el que estuviere ejerciendo sus actividades, de conformidad con las reglamentaciones profesionales de cada país.

2. Los Estados Parte se comprometen a adoptar medidas tendientes al establecimiento de normas y procedimientos comunes relativos a la circulación de los trabajadores en las zonas de frontera y a llevar a cabo las acciones necesarias a fin de mejorar las oportunidades de empleo y las condiciones de trabajo y de vida de estos trabajadores.

Artículo 5°. Eliminación del trabajo forzoso

1. Toda persona tiene derecho al trabajo libre y a ejercer cualquier oficio o profesión conforme a las disposiciones nacionales vigentes.

2. Los Estados Parte se comprometen a eliminar toda forma de trabajo o servicio exigido a un individuo bajo la amenaza de una pena cualquiera y para el cual dicho individuo no se ofrece voluntariamente.

3. Además se comprometen a adoptar medidas para garantizar la abolición de toda utilización de la mano de obra que propicie, autorice o tolere el trabajo forzoso y obligatorio.

4. Especialmente suprímese toda forma de trabajo forzoso y obligatorio del que pueda hacerse uso:

    a) como medio de coerción o de educación política o como castigo por no tener o expresar el trabajador determinadas opiniones políticas o por manifestar oposición ideológica al orden político, social o económico establecido;

    b) como método de movilización y utilización de la mano de obra con fines de fomento económico;

c) como medida de disciplina en el trabajo;

d) como castigo por haber participado en huelgas;

e) como medida de discriminación racial, social, nacional o religiosa.

Artículo 6°. Trabajo Infantil o de Menores

1. La edad mínima de admisión al trabajo será aquella establecida conforme a las legislaciones nacionales de los Estados Parte, no pudiendo ser inferior a aquéella en que cesa la escolaridad obligatoria.

2. Los Estados Parte se comprometen a adoptar políticas y acciones que conduzcan a la abolición del trabajo infantil y a la elevación progresiva de la edad mínima para ingresar al mercado de trabajo.

3. El trabajo de los menores será objeto de protección especial por los Estados Parte, especialmente en lo que concierne a la edad mínima para el ingreso al mercado de trabajo y a otras medidas que posibiliten su pleno desarrollo físico, intelectual, profesional y moral.

4. La jornada de trabajo para esos menores, limitadas conforme a las legislaciones nacionales, no admitirá su extensión mediante la realización de horas extras ni en horarios nocturnos.

5. El trabajo de los menores no deberá realizarse en un ambiente insalubre, peligroso o inmoral, que pueda afectar el pleno desarrollo de sus facultades físicas, mentales y morales.

6. La edad de admisión a un trabajo con alguna de las características antes señaladas no podrá ser inferior a los 18 años.

Artículo 7°. Derechos de los Empleadores

El Empleador tiene el derecho de organizar y dirigir económica y técnicamente la empresa, de conformidad con las legislaciones y prácticas nacionales.

Derechos Colectivos

Artículo 8°. Libertad de Asociación

1. Todos los empleadores y trabajadores tienen el derecho de constituir las organizaciones que estimen convenientes, así como de afiliarse a esas organizaciones, de conformidad con las legislaciones nacionales vigentes.

2. Los Estados Parte se comprometen a asegurar, mediante dispositivos legales, el derecho a la libre asociación, absteniéndose de cualquier injerencia en la creación y gestión de las organizaciones constituidas, además de reconocer su legitimidad en la representación y la defensa de los intereses de sus miembros.

Artículo 9°. Libertad sindical

1. Los trabajadores deberán gozar de adecuada protección contra todo acto de discriminación tendiente a menoscabar la libertad sindical con relación a su empleo.

2. Se deberá garantizar:

    a) la libertad de afiliación, de no afiliación y de desafiliación, sin que ello comprometa el ingreso a un empleo o su continuidad en el mismo;

    b) evitar despidos o perjuicios que tengan como causa su afiliación sindical o su participación en actividades sindicales;

    c) el derecho a ser representados sindicalmente, conforme a la legislación, acuerdos y convenciones colectivos de trabajo vigentes en los Estados Parte.

Artículo 10°. Negociación Colectiva

Los empleadores o sus organizaciones y las organizaciones o representaciones de trabajadores tienen derecho a negociar y celebrar convenciones y acuerdos colectivos para reglamentar las condiciones de trabajo, de conformidad con las legislaciones y prácticas nacionales.

Artículo 11. Huelga

1. Todos los trabajadores y las organizaciones sindicales tienen garantizado el ejercicio del derecho de huelga, conforme a las disposiciones nacionales vigentes. Los mecanismos de prevención o solución de conflictos o la regulación de este derecho no podrán impedir su ejercicio o desvirtuar su finalidad.

2. Promoción y desarrollo de procedimientos preventivos y de autocomposición de conflictos.

Artículo 12

Los Estados Parte se comprometen a propiciar y desarrollar formas preventivas y alternativas de autocomposición de los conflictos individuales y colectivos de trabajo, fomentando la utilización de procedimientos independientes e imparciales de solución de controversias.

Artículo 13. Diálogo Social

Los Estados Parte se comprometen a fomentar el diálogo social en los ámbitos nacional y regional, instituyendo mecanismos efectivos de consulta permanente entre representantes de los gobiernos, de los empleadores y de los trabajadores, a fin de garantizar, mediante el consenso social, condiciones favorables al crecimiento económico sostenible y con justicia social de la región y la mejora de las condiciones de vida de sus pueblos.

Artículo 14. Fomento del Empleo

Los Estados Parte se comprometen a promover el crecimiento económico, la ampliación de los mercados interno y regional y la puesta en práctica de políticas activas referentes al fomento y creación del empleo, a fin de elevar el nivel de vida y corregir los desequilibrios sociales y regionales.

Artículo 15. Protección de los Desempleados

Los Estados Parte se comprometen a instituir, mantener y mejorar mecanismos de protección contra el desempleo, compatibles con las legislaciones y las condiciones internas de cada país, a fin de garantizar la subsistencia de los trabajadores afectados por la desocupación involuntaria y al mismo tiempo facilitar el acceso a servicios de reubicación y a programas de recalificación profesional que faciliten su retorno a una actividad productiva.

Artículo 16. Formación profesional y Desarrollo de Recursos Humanos

1. Todo trabajador tiene derecho a la orientación, a la formación y a la capacitación profesional.

2. Los Estados Parte se comprometen a instituir, con las entidades involucradas que voluntariamente así lo deseen, servicio y programas de formación y orientación profesional continua y permanente, de manera de permitir a los trabajadores obtener las calificaciones exigidas para el desempeño de una actividad productiva, perfeccionar y reciclar los conocimientos y habilidades, considerando fundamentalmente las modificaciones resultantes del progreso técnico.

3. Los Estados Parte se obligan además a adoptar medidas destinadas a promover la articulación entre los programas y servicios de orientación y formación profesional, por un lado, y los servicios públicos de empleo y de protección de los desempleados, por otro, con el objetivo de mejorar las condiciones de inserción laboral de los trabajadores.

4. Los Estados Parte se comprometen a garantizar la efectiva información sobre los mercados laborales y su difusión tanto a nivel nacional como regional.

Artículo 17. Salud y Seguridad en el Trabajo

1. Todo trabajador tiene el derecho a ejercer sus actividades en una ambiente de trabajo sano y seguro, que preserve su salud física y mental y estimule su desarrollo y desempeño profesional.

2. Los Estados Parte se comprometen a formular, aplicar y actualizar, en forma permanente y en cooperación con las organizaciones de empleadores y de trabajadores, políticas y programas en materia de salud y seguridad de los trabajadores y del medio ambiente del trabajo, con el fin de prevenir los accidentes de trabajo y las enfermedades profesionales, promoviendo condiciones ambientales propicias para el desarrollo de las actividades de los trabajadores.

Artículo 18. Inspección del Trabajo

1. Todo trabajador tiene derecho a una protección adecuada en lo que se refiere a las condiciones y al ambiente de trabajo.

2. Los Estados Parte se comprometen a instituir y a mantener servicios de inspección del trabajo, con el cometido de controlar en todo su territorio el cumplimiento de las disposiciones normativas que se refieren a la protección de los trabajadores y a las condiciones de seguridad y salud en el trabajo.

Artículo 19. Seguridad Social

1. Los trabajadores del Mercosur tienen derecho a la seguridad social, en los niveles y condiciones previstos en las respectivas legislaciones nacionales.

2. Los Estados Parte se comprometen a garantizar una red mínima de amparo social que proteja a sus habitantes ante la contingencia de riesgos sociales, enfermedades, vejez, invalidez y muerte, buscando coordinar las políticas en el área social, de forma de suprimir eventuales discriminaciones derivadas del origen nacional de los beneficiarios.

Aplicación y Seguimiento

Artículo 20

1. Los Estados Parte se comprometen a respetar los derechos fundamentales inscriptos en esta Declaración y a promover su aplicación de conformidad con la legislación y las prácticas nacionales y las convenciones y acuerdos colectivos. Con tal finalidad, recomiendan instituir, como parte integrante de esta Declaración, una Comisión Sociolaboral, órgano tripartito, auxiliar del Grupo Mercado Común, que tendrá carácter promocional y no sancionatorio, dotado de instancias nacionales y regional, con el objetivo de fomentar y acompañar la aplicación del instrumento. La Comisión Sociolaboral Regional se manifestará por consenso de los tres sectores y tendrá las siguientes atribuciones y responsabilidades:

    a) examinar, comentar y canalizar las memorias preparadas por los Estados Parte, resultantes de los compromisos de esta Declaración;

    b) formular planes, programas de acción y recomendaciones tendientes a fomentar la aplicación y el cumplimiento de la Declaración;

c) examinar observaciones y consultas sobre dificultades e incorrecciones en la aplicación y cumplimiento de las disposiciones contenidas en la Declaración;

d) examinar dudas sobre la aplicación de la Declaración y proponer aclaraciones;

e) elaborar análisis e informes sobre la aplicación y el cumplimiento de la Declaración;

f) examinar e instruir las propuestas de modificación del texto de la Declaración y darles el curso pertinente.

2. Las formas y mecanismos de canalización de los asuntos citados precedentemente serán definidos por el reglamento de la Comisión Sociolaboral Regional.

Artículo 21

La Comisión Sociolaboral Regional deberá sesionar por lo menos una vez al año para analizar las memorias ofrecidas por los Estados Parte y preparar informe a ser elevado al Grupo Mercado Común.

Artículo 22

La Comisión Sociolaboral Regional redactará, por consenso y en el plazo de seis meses, a contar de la fecha de su institución, su propio reglamento y el de las comisiones nacionales, debiendo someterlos al Grupo Mercado Común para su aprobación.

Artículo 23

Los Estados Parte deberán elaborar, por intermedio de sus Ministerios de Trabajo y en consulta a las organizaciones más representativas de empleadores y de trabajadores, memorias anuales, conteniendo:

a) el informe de los cambios ocurridos en la legislación o en la práctica nacional relacionados con la implementación de los enunciados de esta Declaración; y

b) el informe de los avances realizados en la promoción de esta Declaración y de las dificultades enfrentadas en su aplicación.

Artículo 24

Los Estados Partes acuerdan que esta Declaración, teniendo en cuenta su carácter dinámico y el avance del proceso de integración subregional, será objeto de revisión, transcurridos dos años de su adopción, con base en la experiencia acumulada en el curso de su aplicación o en las propuestas e insumos formulados por la Comisión Sociolaboral o por otros organismos.

Artículo 25

Los Estados Parte subrayan que esta Declaración y su mecanismo de seguimiento no podrán invocarse ni utilizarse para otros fines que no estén en ellos previstos, vedada, en particular, su aplicación a cuestiones comerciales, económicas y financieras.

Río de Janeiro, 10 de diciembre de 1998

2. PROTOCOLO DE USHUAIA

SOBRE COMPROMISO DEMOCRÁTICO EN EL MERCOSUR, LA REPÚBLICA DE BOLIVIA Y LA REPÚBLICA DE CHILE

La República Argentina, la República Federativa del Brasil, la República del Paraguay y la República Oriental del Uruguay, Estados Partes del Mercosur, y la República de Bolivia y la República de Chile, denominados en adelante Estados Partes del presente Protocolo,

REAFIRMANDO los principios y objetivos del Tratado de Asunción y sus Protocolos, y de los Acuerdos de integración celebrados entre el Mercosur y la República de Bolivia y entre el Mercosur y la República de Chile,

REITERANDO lo expresado en la Declaración Presidencial de las Leñas el 27 de junio de 1992 en el sentido de que la plena vigencia de las instituciones democráticas es condición indispensable para la existencia y el desarrollo del Mercosur,

RATIFICANDO la Declaración Presidencial sobre Compromiso Democrático en el Mercosur y el Protocolo de Adhesión a esa Declaración por parte de la República de Bolivia y de la República de Chile,

ACUERDAN LO SIGUIENTE:

Artículo 1. La plena vigencia de las instituciones democráticas es condición esencial para el desarrollo de los procesos de integración entre los Estados Partes del presente Protocolo.

Artículo 2. Este Protocolo se aplicará a las relaciones que resulten de los respectivos Acuerdos de integración vigentes entre los Estados Partes del presente Protocolo, en caso de ruptura del orden democrático en alguno de ellos.

Artículo 3. Toda ruptura del orden democrático en uno de los Estados Partes del presente Protocolo dará lugar a la aplicación de los procedimientos previstos en los artículos siguientes.

Artículo 4. En caso de ruptura del orden democrático en un Estado Parte del presente Protocolo, los demás Estados Partes promoverán las consultas pertinentes entre sí y con el Estado afectado.

Artículo 5. Cuando las consultas mencionadas en el artículo anterior resultaren infructuosas, los demás Estados Partes del presente Protocolo, según corresponda de conformidad con los Acuerdos de integración vigentes entre ellos, considerarán la naturaleza y el alcance de las medidas a aplicar, teniendo en cuenta la gravedad de la situación existente.

Dichas medidas abarcarán desde la suspensión del derecho a participar en los distintos órganos de los respectivos procesos de integración, hasta la suspensión de los derechos y obligaciones emergentes de esos procesos.

Artículo 6. Las medidas previstas en el artículo 5 precedente serán adoptadas por consenso por los Estados Partes del presente Protocolo, según corresponda de conformidad con los Acuerdos de integración vigentes entre ellos, y comunicadas al Estado afectado, el cual no participará en el proceso decisorio pertinente. Esas medidas entrarán en vigencia en la fecha en que se realice la comunicación respectiva.

Artículo 7. Las medidas a que se refiere el artículo 5 aplicadas al Estado Parte afectado, cesarán a partir de la fecha de la comunicación a dicho Estado del acuerdo de los Estados que adoptaron tales medidas, de que se ha verificado el pleno restablecimiento del orden democrático, lo que deber tener lugar tan pronto ese restablecimiento se haga efectivo.

Artículo 8. El presente Protocolo es parte integrante del Tratado de Asunción y de los respectivos Acuerdos de integración celebrados entre el Mercosur y la República de Bolivia y el Mercosur y la República de Chile.

Artículo 9. El presente Protocolo se aplicará a los Acuerdos de integración que en el futuro se celebren entre el Mercosur y Bolivia, el Mercosur y Chile y entre los seis Estados Partes de este Protocolo, de lo que deber dejarse constancia expresa en dichos instrumentos.

Artículo 10. El presente Protocolo entrará en vigencia para los Estados Partes del Mercosur a los treinta días siguientes a la fecha del depósito del cuarto instrumento de ratificación ante el Gobierno de la República del Paraguay.

El presente Protocolo entrará en vigencia para los Estados Partes del Mercosur y la República de Bolivia o la República de Chile, según el caso, treinta días después que la Secretaría General de la ALADI haya informado a las cinco Partes Signatarias correspondientes, que se han completado en dichas Partes los procedimientos internos para su incorporación a los respectivos ordenamientos jurídicos nacionales.

Ushuaia, República Argentina, 24 de julio de 1998

3. CARTA DE BUENOS AIRES SOBRE COMPROMISO SOCIAL EN EL MERCOSUR, BOLIVIA Y CHILE

Los Presidentes de la República Argentina, de la República Federativa del Brasil, de la República del Paraguay y de la República Oriental del Uruguay, Estados Partes del Mercosur y los Presidentes de la República de Bolivia y de la República de Chile,

REAFIRMANDO los principios contenidos en el Protocolo de Ushuaia sobre Compromiso Democrático y en la Declararación Política del Mercosur, Bolivia y Chile como Zona de Paz;

TENIENDO presente los principios y derechos contenidos en la "Declaración Sociolaboral del Mercosur";

CONVENCIDOS de que el desarrollo económico y la plena integración regional sólo pueden lograrse en un marco de justicia y de equidad social;

REAFIRMANDO el compromiso con la consolidación y defensa de los derechos humanos y de las libertades fundamentales y con las declaraciones e instrumentos internacionales y regionales que los resguardan;

CONSIDERANDO que la firme adhesión a los principios de la democracia representativa y al Estado de Derecho y el respeto irrestricto a los derechos civiles y políticos constituyen la base irrenunciable de la integración regional;

CONVENCIDOS de que el crecimiento económico es una condición necesaria pero no suficiente para alcanzar una mejor calidad de vida, erradicar la pobreza y eliminar la discriminación y la exclusión social;

RATIFICANDO su propósito de contribuir unidos a lograr un mayor bienestar e igualdad social a través de un desarrollo económico equilibrado y justo;

CONSIDERANDO que resulta prioritario profundizar la dimensión social del Mercosur y teniendo en cuenta que todos los aspectos del proceso de integración deberán avanzar en forma conjunta;

COINCIDEN EN:

Reconocer la responsabilidad primordial del Estado en la formulación de políticas destinadas a combatir la pobreza y otros flagelos sociales y apoyar las acciones de la sociedad civil dirigidas al mismo objetivo.

Intensificar los esfuerzos de sus Gobiernos para mejorar la calidad de vida en sus respectivos países y en la región, mediante la atención prioritaria a los sectores más desprotegidos de la población en materia de alimentación, salud, empleo, vivienda y educación.

Fomentar la cooperación con las organizaciones comunitarias y solidarias de sus respectivos países y a nivel regional o internacional, que permitan el aprovechamiento racional y equitativo de los recursos públicos y privados en las acciones encaminadas a superar los desequilibrios sociales en la región.

Fortalecer los mecanismos de apoyo a los grupos sociales más afectados, dando prioridad a los campos de la nutrición, con atención especial a la niñez, la juventud, la tercera edad, las mujeres cabeza de familia y madres menores de edad, las comunidades indígenas, las comunidades rurales críticas, los trabajadores migrantes y sus familias, las personas discapacitadas y otros grupos sociales vulnerables.

Asegurar la efectiva vigencia de los principios rectores orientados a la protección integral de la niñez y la adolescencia y estimular la formulación de políticas específicas en su favor, que contemplen su problemática en el contexto familiar y comunitario, dando prioridad por igual a los aspectos preventivos y correctivos.

Impulsar medidas adecuadas destinadas a satisfacer las necesidades especiales de los niños y jóvenes en situaciones de violencia y abuso sexual, trabajo infantil, embarazo precoz, uso de drogas y comisión de delitos.

Intensificar los esfuerzos para mejorar la situación de las personas mayores, especialmente de aquellas en estado de pobreza o desamparo, a través de avances en materia de prestaciones sociales y de políticas de vivienda e integración social y programas de capacitación.

Velar por el estricto cumplimiento de las respectivas normas legales que prohíben la discriminación y resguardan la efectiva igualdad de derechos, trato y oportunidades para todos, sin distinción o exclusión de ningún tipo.

Promover el crecimiento de sus sociedades fundado en la igualdad entre mujeres y varones en la vida social, política, económica y cultural, conforme a una concepción de la ciudadanía que amplíe los derechos de las mujeres y afirme la responsabilidad compartida entre ambos.

Fortalecer la cooperación entre los países de la región en materia migratoria y asegurar a los migrantes el pleno ejercicio de los derechos humanos, y un trato digno, justo y no discriminatorio.

Garantizar el derecho a la educación básica y favorecer el acceso a la educación secundaria, técnica y vocacional, siendo ambos elementos claves en la superación de la pobreza como vehículos de movilidad social y económica.

Desarrollar políticas que promuevan un tipo de sociedad no excluyente, que prepare a las personas para enfrentar los desafíos planteados por la nueva comunidad del conocimiento.

Incentivar las investigaciones y estudios conjuntos sobre vulnerabilidad y exclusión social, descentralización y participación, orientados a mejorar el proceso de toma de decisiones en política social y en la asignación de recursos.

POR TODO ELLO, DECIDEN:

Instruir a las respectivas autoridades nacionales competentes a fortalecer el trabajo conjunto entre los seis países, así como el intercambio de experiencias e informaciones a fin de contribuir a la superación de los problemas sociales más agudos que los afectan y a la definición de los temas o áreas donde sea viable una acción coordinada o complementaria tendiente a su solución.

Acordar que el Foro de Consulta y Concertación Política del Mercosur, Bolivia y Chile efectúe el seguimiento de las orientaciones y líneas de acción contenidas en la presente Carta, promoviendo la institucionalización de una reunión de las autoridades responsables en materia de desarrollo social.

Buenos Aires, 30 de junio de 2000

4. DECLARACIÓN PRESIDENCIAL SOBRE ERRADICACIÓN DEL TRABAJO INFANTIL

La República Argentina, la República Federativa del Brasil, la República del Paraguay y la República Oriental del Uruguay, Estados Partes del Mercosur,

Considerando la necesidad de avanzar en la definición de políticas comunes en el ámbito de la erradicación del trabajo infantil, en consonancia con lo establecido en el artículo 6° de la Declaración Sociolaboral del Mercosur, adoptada en Río de Janeiro el 10 de diciembre de 1998,

Teniendo en cuenta la decisión de los Ministros de Trabajo del Mercosur, manifestada en reiteradas reuniones, de priorizar en las políticas de las respectivas administraciones del trabajo las acciones tendientes a la erradicación del trabajo infantil,

Teniendo en cuenta la Convención sobre los Derechos del Niño y las diversas iniciativas de la comunidad internacional, canalizadas fundamentalmente a través de la Organización Internacional del Trabajo; en particular los Convenios 138 y 182 de la misma.

DECLARAN:

1. Su compromiso orientado a que los Estados Partes fortalezcan los Planes Nacionales de Prevención y Erradicación del Trabajo Infantil, los que deberían considerar:

   a) la armonización normativa en relación con los Convenios 138 y 182 de la OIT;

   b) la articulación y consecuente coordinación de acciones y esfuerzos de todos los actores sociales;

   c) la activa participación de las organizaciones gubernamentales con las organizaciones de trabajadores y empleadores;

   d) la educación, la salud y la protección integral de los derechos de la infancia como objetivos esenciales de la erradicación del trabajo infantil;

   e) la constante actualización de información, a través de encuestas, relevamientos, mapeos, que permitan periódicas y efectivas tareas de diagnóstico;

   f) la permanente sensibilización y concientización social;

   g) el fortalecimiento de las redes sociales y la inmediata capacidad de respuesta a los requerimientos que la erradicación demande en cada caso concreto;

   h) el fortalecimiento de los sistemas de monitoreo e inspección en el trabajo infantil;

   i) la articulación de las políticas para la erradicación del trabajo infantil con el sistema educativo de modo de garantizar la inserción escolar de las niñas y niños y su mantenimiento;

j)   la garantía de que todas las políticas, programas y acciones que se implementen en materia de erradicación del trabajo infantil, cuenten con mecanismos de evaluación de impacto y resultados, a fin de posibilitar reformas o ajustes y optimizar sus resultados;

k)   la incorporación de mecanismos adecuados para el logro de información vinculada al nivel de acatamiento de las normas y disposiciones en materia de trabajo infantil a efectos de contar con los insumos necesarios para optimizar la eficacia de las políticas de prevención y erradicación del trabajo infantil;

l)   la adopción de mecanismos e instrumentos estadísticos homogéneos de recolección de datos sobre trabajo infantil entre los Estados Partes, que faciliten el análisis comparado de esta problemática, a los fines del diseño e implementación de políticas conjuntas.

2.   La conveniencia de incorporar la temática del trabajo infantil como contenido del Observatorio de Mercado de Trabajo del Mercosur.

3.   Encomendar al Consejo del Mercado Común del Mercosur el seguimiento de las tareas dirigidas a la concreción de los objetivos establecidos en la presente Declaración.

Buenos Aires, 5 de julio de 2002

5. MERCOSUR/GMC/RESOLUCIÓN N° 59/01 FORMACIÓN PROFESIONAL

VISTO: El Tratado de Asunción, el Protocolo de Ouro Preto y lo dispuesto por el artículo 16 de la Declaración Sociolaboral del Mercosur, adoptada en Río de Janeiro el 10 de diciembre de 1998.

CONSIDERANDO: El análisis efectuado por la Comisión Sociolaboral de las Memorias presentadas por los Estados Partes respecto del cumplimiento del referido artículo, en su reunión de los días 11 a 14 de noviembre de 2001 en la ciudad de Montevideo;

Que como resultado del antedicho análisis se constatan dificultades relativas a la integración entre los actores y recursos –públicos y privados– destinados a la formación profesional de los trabajadores.

EL GRUPO MERCADO COMÚN

RESUELVE:

Artículo 1. Recomendar a los Estados Partes que desarrollen acciones encaminadas a construir una visión integral y sistémica de la Formación Profesional, con participación de las organizaciones más representativas de trabajadores y empleadores.

La ley, si así lo requirieran las peculiaridades nacionales de los Estados Partes, podrá constituir un instrumento idóneo para encaminar los procesos de la construcción sistémica.

Artículo 2. Los sistemas nacionales o redes de Formación Profesional deberían considerar:

a. la articulación entre las acciones públicas y privadas de formación profesional con los programas y servicios de empleo, orientación laboral y protección a los desempleados;

b. la sinergia de las instancias gubernamentales con las organizaciones de trabajadores y empleadores junto con los diversos agentes de la formación;

c. la capacidad de respuesta a los requerimientos de la producción y el trabajo;

d. la mejora de la calidad de vida de las personas.

Artículo 3. Integrar la formación profesional a las políticas activas de empleo, a fin de facilitar a las personas el acceso a un trabajo decente, ya sea dependiente o propio a través de una iniciativa empresarial formal.

Artículo 4. Articular la formación profesional con el sistema educativo para posibilitar la actualización y el reconocimiento de las calificaciones y saberes independiente de su modo de adquisición, cuando fuere apropiado.

Artículo 5. Garantizar que las políticas, programas y acciones que se implementen a través del Sistema de Formación Profesional o redes, cuenten con mecanismos de evaluación de impacto a fin de encarar reformas o ajustes que impliquen una mejora en sus resultados.

Artículo 6. Prever los dispositivos adecuados para el logro de información sobre la oferta y demanda de calificaciones en orden a contar con los insumos necesarios para mejorar la pertinencia de las políticas de Formación Profesional.

Artículo 7. Esta Resolución no necesita ser incorporada al ordenamiento jurídico de los Estados Partes por reglamentar aspectos de organización o funcionamiento del Mercosur.

XLIV GMC – Montevideo, 05/XII/01

6. MERCOSUR/CMC/RECOMENDACIÓN N° 01/03
REPERTORIO DE RECOMENDACIONES PRÁCTICAS SOBRE FORMACIÓN PROFESIONAL

VISTO: El Tratado de Asunción, el Protocolo de Ouro Preto y la Resolución N° 59/01 del Grupo Mercado Común.

CONSIDERANDO: Que la Declaración Sociolaboral del Mercosur, adoptada por los Jefes de Estado de los Estados Partes en Río de Janeiro, el 10 de diciembre de 1998, establece, en su Artículo 16, el derecho de todo trabajador a la orientación, a la formación y a la capacitación profesional, bien como el compromiso de los Estados Partes de adoptar en medidas tendientes a mejorar la inserción de los trabajadores en el mercado de trabajo a través de la calificación y perfeccionamiento permanentes.

Que la Resolución GMC N° 59/01 recomienda a los Estados Partes el desarrollo de acciones encaminadas a construir una visión integral y sistémica de la formación profesional, con participación de las organizaciones más representativas de trabajadores y de empleadores.

Que la misma Resolución recomienda que los sistemas nacionales de formación profesional busquen promover, entre otros aspectos, la articulación entre las acciones públicas y privadas, la integración de la formación profesional con las políticas activas de empleo y la articulación de la formación profesional con las demás modalidades de educación.

EL CONSEJO DEL MERCADO COMÚN

RECOMIENDA:

Artículo 1. Que los Estados Partes tengan en consideración el "Repertorio de Recomendaciones Prácticas sobre Formación Profesional", que desarrolla el Art. 16 de la Declaración Sociolaboral del Mercosur, con la finalidad de servir como instrumento de armonización de criterios orientadores de la formación profesional y posibilitar el diseño y la implementación de políticas y de acciones nacionales en esa materia en bases comunes.

Artículo 2. El GMC por intermedio del SGT N° 10, revisará periódicamente el *Repertorio*, tomando por base la experiencia acumulada en su aplicación y las propuestas formuladas por los actores involucrados con la materia, a fin de ajustarlo a la dinámica de las políticas y acciones de formación profesional y al avance del proceso de integración regional.

XXIV CMC – Asunción, 17/VI/03

ANEXO
REPERTORIO DE RECOMENDACIONES PRÁCTICAS SOBRE FORMACIÓN PROFESIONAL

OBJETIVOS DE LA FORMACIÓN PROFESIONAL

Los objetivos de la Formación Profesional, deberían ser:

a) contribuir al desarrollo integral de la persona, proporcionándole condiciones para su crecimiento laboral y social, fortaleciendo a su vez, la capacidad competitiva de las empresas; y

b) facilitar el acceso y mantenimiento en el mercado de trabajo y la mejora de sus condiciones de empleo.

La Formación Profesional debería ser de calidad, tal que impacte positivamente sobre la empleabilidad de los trabajadores, la calidad de los empleos, la competitividad de la economía y la inclusión social.

LA FORMACIÓN PROFESIONAL COMO INSTRUMENTO DE LAS POLÍTICAS ACTIVAS DE EMPLEO

La Formación Profesional debería ser materia fundamental de las políticas de empleo, promoviendo la calificación necesaria de las personas para adaptarse a los nuevos requerimientos del mundo productivo, facilitando el acceso a un trabajo decente.

La Formación Profesional debería contemplar conforme a las condiciones y prácticas nacionales, el derecho a una formación inicial que garantice una integración armónica entre la preparación para la vida laboral y el ejercicio de la misma; y a una formación continua que incluya las especializaciones y recalificaciones necesarias para la conservación del empleo y facilite la movilidad laboral dentro de una estructura productiva cambiante así como la comprensión y utilización adecuadas de las nuevas tecnologías.

FORMACIÓN PROFESIONAL PARTICIPATIVA

Empleadores y trabajadores deberían ejercer activamente su derecho a la participación en la formulación y ejecución de las políticas y acciones públicas de Orientación y Formación Profesional.

Los Estados Partes deberían adoptar medidas tendientes a garantizar la participación de los actores sociales en la gestión de la Formación Profesional, así como tendientes a promover el fortalecimiento del diálogo social sobre formación.

Para la realización de las acciones acordadas en los ámbitos participativos, los actores sociales junto con los gobiernos, deberían procurar la obtención de los recursos necesarios.

ARTICULACIÓN DE LA FORMACIÓN PROFESIONAL CON EL SISTEMA EDUCATIVO

La Formación Profesional debería diseñarse y estructurarse de manera articulada con las demás áreas, niveles o modalidades de educación, contemplando la coordinación de acciones y objetivos entre las instancias gubernamentales de educación y trabajo, así como las emprendidas por los sectores sociales de modo que asegure la integralidad de la enseñanza.

Dicha articulación debería permitir que cualquier trabajador, independientemente del nivel de escolaridad alcanzado, pueda pasar de un área, nivel o modalidad del sistema de educación general al de Formación Profesional y viceversa, mediante un proceso de acreditación de saberes y competencias laborales, tanto como para la continuidad de estudios, como para el desarrollo profesional.

La Formación Profesional debería ser concebida dentro de una visión general y de conjunto, contemplando la creación de mecanismos que permitan el tránsito dinámico entre los distintos ambientes de aprendizaje.

En este sentido, los diferentes niveles educativos y de Formación Profesional deberían complementarse enfatizando los componentes científicos, tecnológicos, informáticos y de gestión que permitan el desarrollo de un razonamiento lógico y la correcta comprensión del mundo del trabajo.

FORMACIÓN PROFESIONAL FLEXIBLE, POLIVALENTE Y DE CALIDAD

La Formación Profesional debería adecuarse a los contextos del trabajo, respondiendo a los requerimientos y las tendencias de los sectores productivos, la calidad de vida de los trabajadores y el desarrollo socioeconómico de la región.

La Formación Profesional debería proporcionar conocimientos estructurales que posean un alto grado de transferibilidad de una actividad a otra, así como aportar al desarrollo integral de las personas.

Para la calidad de la Formación Profesional, debería tomarse en cuenta la calificación de los profesores y formadores, así como la calidad y flexibilidad de los métodos y técnicas de enseñanza-aprendizaje, como requisitos fundamentales para alcanzar los objetivos de competencia y las capacidades profesionales que demanda el sistema productivo.

FORMACIÓN PROFESIONAL DESCENTRALIZADA POR TERRITORIO Y POR SECTORES ECONÓMICOS

Los Estados Partes deberían promover la descentralización del diseño e implementación de la Formación Profesional, tanto en el ámbito territorial como sectorial, atendiendo las necesidades regionales y locales.

FORMACIÓN PROFESIONAL IGUALITARIA Y CON EQUIDAD

La Formación Profesional debería contribuir a asegurar el derecho a la igualdad de trato y oportunidades entre todas las personas, y los Estados Partes deberían garantizar la existencia de una oferta gratuita de los servicios. Los actores sociales y gobiernos deberían procurar la obtención de los recursos necesarios para tal efecto.

Los Estados Partes deberían garantizar medidas para que la Formación Profesional contribuya a eliminar inequidades, promoviendo la consideración y valoración de la diversidad y facilitando la construcción de trayectorias formativas adecuadas a intereses diversos y entornos de referencia variados.

Para aquellos grupos o personas con dificultad de inserción en el mercado de trabajo o de acceso a empleos de calidad, en virtud de su sexo, edad, raza, origen nacional, color, escolaridad, capacidades diferentes o desocupación, se deberían establecer programas específicos de orientación, cualificación y readaptación profesional en articulación con otros planes de mejoramiento del empleo. Se debería reconocer, asimismo, el enfoque de género como perspectiva y metodología de análisis de las relaciones sociales.

FORMACIÓN PROFESIONAL COMO FACTOR DE INTEGRACIÓN Y DESARROLLO REGIONAL

La Formación Profesional en el Mercosur debería contribuir a lograr un mayor avance de su dimensión sociolaboral, así como del desarrollo armonioso de las economías nacionales y del Mercado Común.

Asimismo, en la región, se debería identificar y concebir a la Formación Profesional, en especial en lo que hace a su certificación y reconocimiento de títulos, como un factor de ordenamiento y transparencia que contribuya a la implementación y desarrollo de la circulación de trabajadores en el Mercosur.

REVISIÓN

En virtud de la dinámica de las políticas de Formación Profesional y del avance del proceso de integración regional, el presente REPERTORIO DE RECOMENDACIONES PRÁCTICAS SOBRE FORMACIÓN PROFESIONAL será objeto de revisión, transcurrido un año desde la fecha del presente instrumento, sobre la base de la experiencia acumulada durante su aplicación, o sobre las propuestas formuladas por los actores intervinientes en el SGT N° 10 - Comisión II.

7. MERCOSUR/GMC/RESOLUCIÓN N° 11/03
CONFERENCIA REGIONAL DE EMPLEO

VISTO: El Tratado de Asunción y el Protocolo de Ouro Preto.

CONSIDERANDO: El análisis efectuado por la Comisión Sociolaboral de las memorias ofrecidas por los Estados Partes respecto al cumplimiento del referido artículo en su XII Reunión Regional en la ciudad de Asunción.

Que como resultado del antedicho análisis se constata el agravamiento del nivel de desempleo en la región, así como un deterioro en la calidad del empleo y el incremento del trabajo no registrado y del subempleo, que tienden a aumentar los desequilibrios sociales y regionales.

Que la consolidación y profundización del proceso de integración del Mercosur debe ser un factor de promoción y creación del empleo

EL GRUPO MERCADO COMÚN
RESUELVE:

Artículo 1. Instruir expresamente a los órganos auxiliares del GMC a mantener la cuestión del empleo con carácter prioritario en todas las instancias institucionales, cuyas decisiones tengan implicancias con esta temática.

Artículo 2. Autorizar a la Comisión Sociolaboral a que realice una "Conferencia Regional de Empleo", en la que participen los órganos sociolaborales y todas las instituciones del Mercosur que tengan implicancia con el empleo, a realizarse el 26 de Marzo de 2004 en oportunidad del 13° aniversario del Tratado de Asunción, en el entendido que esto no implique ningún costo para el Mercosur.

Artículo 3. Instruir a la Comisión Sociolaboral del Mercosur a que elabore el Programa y contenido y organice dicha conferencia, y a que a tal efecto solicite apoyo a la OIT para su realización. Los términos de referencia de la mencionada conferencia deberán ser aprobados por la Comisión Sociolaboral en su próxima reunión a realizarse en el mes de octubre de 2003 en la ciudad de Montevideo.

Artículo 4. Esta Resolución no necesita ser incorporada al ordenamiento jurídico de los Estados Partes por reglamentar aspectos de la organización o del funcionamiento del Mercosur.

L GMC – Asunción, 12/VI/03

8. MERCOSUR/CMC/RECOMENDACIÓN Nº 02/03
CARÁCTER PRIORITARIO DEL EMPLEO

VISTO: El Tratado de Asunción y el Protocolo de Ouro Preto.

CONSIDERANDO: El análisis efectuado por la Comisión Sociolaboral de las memorias ofrecidas por los Estados Partes respecto al cumplimiento del Artículo 14 de la Declaración Sociolaboral del Mercosur, en su XII Reunión Regional en la ciudad de Asunción.

Que como resultado del antedicho análisis se constata el agravamiento del nivel de desempleo en la región, así como un deterioro en la calidad del empleo y el incremento del trabajo no registrado y del subempleo, que tienden a aumentar los desequilibrios sociales y regionales.

Que la consolidación y profundización del proceso de integración del Mercosur debe ser un factor de promoción y creación del empleo.

EL CONSEJO DEL MERCADO COMÚN

RECOMIENDA:

Artículo 1. Que los Estados Partes mantengan la cuestión del empleo con carácter prioritario en todas las instancias institucionales, cuyas decisiones tengan implicancias con dicha temática.

XXIV CMC - Asunción, 17/VI/03

9. MERCOSUR/FCES/IV. RECOMENDACIÓN N° 5/97 POLÍTICAS DE PROMOCIÓN DEL EMPLEO

Recomendación Adoptada con el N° 5/97 en la IV Reunión Plenaria del Foro Consultivo Económico Social del Mercosur, en Montevideo, los días 4 y 5 de setiembre de 1997,

VISTO: El Protocolo de Ouro Preto y el Reglamento Interno del Foro Consultivo Económico Social homologado por la RES 68/96 del Grupo Mercado Común.

EL FORO CONSULTIVO ECONÓMICO SOCIAL DEL MERCOSUR

RECOMIENDA:

La generación de empleos exige aunar esfuerzos de los agentes privados y del Estado, éstos últimos a través de las políticas públicas, en el marco de una estrategia global y coordinada. Se necesitará que cada parte se comprometa con la solución del problema y obre en consecuencia.

El proceso de integración en curso ha acelerado la adopción de nuevas tecnologías, pues las mismas son factor de crecimiento de la productividad y competitividad, pero, al mismo tiempo, influyen en la naturaleza y organización del trabajo, en la calificación de los trabajadores y en una nueva distribución del empleo, elevando la participación de trabajadores altamente calificados en detrimento de otros trabajadores menos calificados. En este sentido, los miembros del FCES han asumido el compromiso de analizar el impacto de las nuevas tecnologías al interior de las empresas.

Es necesario crear consenso sobre la importancia del aumento de la productividad para promover un proceso de aprendizaje acerca de la aplicación de las mejores prácticas y la difusión de las nuevas tecnologías. En este contexto se hace necesario que los trabajadores no se limiten a la realización de tareas prescritas y tengan más capacidad de iniciativa y de desempeño.

En tal sentido se deberán desarrollar métodos educativos y pedagógicos que fomenten la iniciativa, la creatividad y la responsabilidad de los jóvenes, y así prepararlos para las nuevas condiciones de trabajo que enfrentarán.

El cambio tecnológico se dificulta sin el acompañamiento e incluso la anticipación, de cambios en los sistemas educativo y de capacitación, para poder satisfacer la demanda de una mano de obra mejor entrenada y más adecuada. Es necesario desarrollar el dictado de cursos más flexibles, tanto dentro de las empresas como en el sistema de educación superior. La educación secundaria y terciaria deben ser complementadas por cursos de especialización para adultos a lo largo de la vida de trabajo, a veces en la empresa, a veces en las instituciones educativas y a veces en cursos combinados. Los docentes requerirán con frecuencia un reentrenamiento. Se deberán desarrollar métodos educativos y pedagógicos que fomenten la iniciativa, la creatividad y la responsabilidad de los jóvenes, y así prepararlos mejor para las nuevas condiciones de trabajo que enfrentarán. Dichos esfuerzos implican grandes costos. Los métodos de financiación, en especial los incentivos fiscales a las empresas para este fin deben ser especialmente considerados.

Es imprescindible la introducción de nuevas tecnologías, pero ello provoca transformaciones que deben ser analizadas por las partes para evitar conflictos. En este sentido hay que facilitar la cooperación de empresarios y trabajadores a nivel de empresa a través de sus representantes.

Del mismo modo es necesario modernizar los sistemas de empleo adaptando las condiciones de trabajo a la nueva realidad económica adecuándolos a la misma. Estos cambios deberán realizarse contemplando los intereses de las partes, lo cual requiere un marco institucional adecuado para el fomento de la negociación colectiva.

Debe destacarse que dadas las condiciones adecuadas a través de las políticas públicas y la franca colaboración de los trabajadores, la principal responsabilidad para la creación de empleos recae en el sector empresario, pues es este en definitiva el que debe invertir y crear empleo.

Al mismo tiempo de asumir este compromiso, el Foro Consultivo Económico Social entiende que es imprescindible, por parte de los Estados miembros del MERCOSUR, la elaboración y concreción de políticas públicas que promuevan directa o indirectamente el empleo, para lo cual el FCES del Mercosur recomienda:

(...)

4. Necesidad de priorizar la educación y la formación profesional

En el momento de transformación comercial, productiva, tecnológica que vivimos lo normal es enfrentar problemas nuevos. De ahí que cumplir cada función exige, actualmente, más que un cúmulo de conocimientos, ser creativo y tener capacidad de enfrentar situaciones no previstas.

La educación y formación deben ser consideradas como factores de promoción social y realización personal. Es necesario un sistema educativo orientado a la formación de capacidades más que a la trasmisión de conocimiento concretos, aunque estos son imprescindibles. Es preciso fomentar y actualizar los sistemas educativos primarios y básicos para superar el analfabetismo que todavía existe en el Mercosur, así como los niveles medios y universitarios públicos. También deberán establecerse políticas públicas que contemplen los sistemas privados, incluida la formación a nivel de la empresa.

Esta no es una exigencia exclusiva del ámbito oficial sino también del sector privado, incluidas las empresas. Es necesario que las empresas tengan en cuenta la importancia de la formación profesional de sus trabajadores, para lo cual son necesarios incentivos de la política educativa. La elaboración de programas específicos de formación y recalificación profesional debe tener en cuenta los estudios y diagnósticos sectoriales que están siendo promovidos desde los organismos competentes del Mercosur.

Por otro lado, la reconversión económica y la introducción de nuevas tecnologías plantean una problemática especial, la necesidad de trabajadores con nuevas capacidades. Esto significa que es necesaria la formación profesional para que desempeñen las nuevas funciones y la recapacitación de los trabajadores de los sectores en decadencia, a fin de prepararlos para ocupar una nueva actividad en los sectores en los que el crecimiento crea puestos de trabajo. La capacitación también debería abarcar a los mandos medios, gerenciales y de dirección.

Esta tarea debe ser asumida por la educación pública y la privada y organismos bipartitos o tripartitos que, con participación directa de representantes de organizaciones de empresarios y trabajadores, pueden jugar un importante papel en la definición de las orientaciones y los incentivos.

También se necesitan, en este terreno, políticas de ayuda al desempleado, teniendo especialmente en cuenta la importancia de la capacitación para la reinserción laboral, así como promover los sistemas de información relativos a la demanda y oferta de trabajo, los sistemas de formación y los servicios de colocación.

(...)

10. Profundización del tema

Teniendo en cuenta que la cuestión del empleo involucra una compleja gama de áreas y definiciones micro y macroestructurales, así como decisiones de políticas de mayor ámbito, es importante destacar, que la presente Recomendación plantea cuestiones preliminares y básicas para la profundización del debate, constituyendo una primera aproximación del FCES en la consideración por iniciativa propia de esta temática de tanta actualidad y trascendencia.

En virtud de ello, se sugiere que el GMC convoque a una reunión conjunta con representantes del FCES y los Coordinadores del SGT10 (Relaciones Laborales, Empleo y Seguridad Social) así como a los principales ámbitos de tratamiento directo e indirecto de la cuestión del empleo.

Montevideo, 5 de setiembre de 1997

181

10. SINDICATOS Y EMPRESAS DE VOLKSWAGEN DE ARGENTINA Y BRASIL SUSCRIBEN EL PRIMER CONTRATO COLECTIVO EN EL ÁMBITO DEL MERCOSUR

Por primera vez desde que existe el Mercosur, las filiales nacionales de la empresa multinacional Volkswagen y los sindicatos respectivos en Argentina y Brasil, suscribieron un Contrato Colectivo que contiene importantes acuerdos en materia de concertación, intercambio de información y capacitación profesional. A continuación el texto íntegro del Contrato, traducido del portugués por Cinterfor/OIT.

CONTRATO COLECTIVO

Entre la VOLKSWAGEN do Brasil Ltda., con sede en la ciudad de São Paulo, Estado de São Paulo - República Federativa do Brasil, con domicilio en la calle Volkswagen, 291, Parque Jabaquara; así como también VOLKSWAGEN de Argentina S.A. con sede en la ciudad de Buenos Aires - República Argentina, con domicilio en la Calle Maipú, 267, piso 11, Capital Federal, de ahora en adelante denominadas EMPRESAS y el SINDICATO DOS METALÚRGICOS DO ABC, con sede en la calle João Basso, 231, en São Bernardo do Campo, Estado de São Paulo, y el SINDICATO DOS TRABALHADORES NAS INDÚSTRIAS E OFICINAS METALÚRGICAS, MECÂNICAS E DE MATERIAL ELÉTRICO E ELETRONICO, SIDERÚRGICAS E AUTOMOBILISTICAS E DE AUTOPEÇAS DE TAUBATÉ, TREMEMBÉ E DISTRITOS, con sede en la ciudad de Taubaté, en la calle Urupês, 98, y la CONFEDERAÇÃO NACIONAL DOS METALÚRGICOS DA CUT, así como también el SINDICATO DE MECÁNICOS Y AFINES DE TRANSPORTE AUTOMOTOR DE LA REPÚBLICA ARGENTINA, con sede en la ciudad de Buenos Aires, Av. Belgrano 665, de ahora en adelante denominados SINDICATOS, representando en este acto a los empleados de las EMPRESAS, ocupados en el establecimiento fabril con sede en la Via Anchieta, km. 23,5, en São Bernardo do Campo, Estado de São Paulo, en el establecimiento fabril localizado en la Av. Carlos Pedroso da Silveira, 10.000, en la ciudad de Taubaté, Estado de São Paulo, ambos en la República Federativa do Brasil; y en la calle Delcasse y Av. Henry Ford, ciudad de General Pacheco, Buenos Aires y Camino San Carlos, km. 3,5, Provincia de Córdoba, ambos en la República Argentina, de ahora en adelante denominados COMISIONES INTERNAS DE FÁBRICA, es firmado el presente CONTRATO COLECTIVO que establece los principios básicos de relacionamiento entre capital y trabajo en el ámbito del Mercosur.

Este Contrato establece:

01. CONSIDERANDO

• la necesidad de extender los entendimientos de las relaciones entre capital y trabajo en el ámbito del Mercosur;

- la necesidad de una comunicación más estrecha y de intercambio de informaciones entre las partes;

- que solamente a través del diálogo alcanzaremos un grado completo de conocimiento y entendimiento de las realidades y peculiaridades existentes, tanto en Argentina como en Brasil;

- la potencialidad del Mercosur y, principalmente, la participación de las Unidades Volkswagen;

- que la obtención de mejores índices de productividad, calidad, satisfacción de los clientes y la protección ambiental, factores fundamentales para el negocio de las Unidades Volkswagen de América del Sur y su consecuente permanencia en el mercado, deben, necesariamente, ser discutidos y analizados entre las partes.

02. PREÁMBULO

- Con este contrato entre la VOLKSWAGEN DE BRASIL y DE ARGENTINA, los SINDICATOS y las COMISIONES INTERNAS DE FÁBRICA, se establece los principios básicos que regirán las relaciones de trabajo a nivel del Mercosur contribuyendo con eso, activamente para los futuros entendimientos y acuerdos entre las partes.

- Las partes signatarias de este Contrato concuerdan, sobre todo, en que un desarrollo social con éxito presupone una concurrencia internacional a través de la alta competitividad y que la continua preocupación por el nivel de empleo, la calidad de vida, calidad del producto, satisfacción del cliente, productividad e impacto ambiental sean atendidos.

- Las partes ven en este contrato una contribución para el trabajo conjunto en el Mercosur, en el sentido de establecer un diálogo constructivo y acciones cooperativas para enfrentar los desafíos económicos, políticos y sociales a través de soluciones que eviten potenciales conflictos.

03. INTERCAMBIO DE INFORMACIONES

- Serán puestas a disposición de los SINDICATOS y COMISIONES INTERNAS DE FÁBRICA de las Unidades de la VOLSKWAGEN en el Mercosur informaciones suficientes y claras sobre los aspectos relevantes de las actividades de las EMPRESAS.

- Para ello, las EMPRESAS, los SINDICATOS y las COMISIONES INTERNAS DE FÁBRICA realizarán, por lo menos una vez por año, una reunión conjunta, intercalando los países para su realización.

- Para el referido encuentro, con fecha y localidad determinadas con un anticipo mínimo de 60 días, las EMPRESAS, los SINDICATOS y las COMISIONES

INTERNAS DE FÁBRICA deberán presentar pautas previas con los temas a ser debatidos, incluyendo las aclaraciones consideradas necesarias.

- Las partes definirán previamente los participantes de acuerdo con los temas a ser debatidos.
- Los debates de estos temas deberán servir, simultáneamente, para el intercambio de informaciones sobre tendencias y estrategias, así como promover el desarrollo a favor de todos los participantes.

04. COMPETITIVIDAD

- Las partes se comprometen a buscar, permanentemente, mejores condiciones de competitividad del conjunto de las unidades productivas, así como actuar en el desarrollo de la concientización de todos los miembros de las EMPRESAS en el Mercosur.

05. SOLUCIONES DE CONFLICTOS

- Las EMPRESAS, los SINDICATOS y las COMISIONES INTERNAS DE FÁBRICA se comprometen a prevenir conflictos, sean éstos individuales o colectivos, a través del diálogo permanente y si surgieran divergencias, conducirlas siempre que sea posible a través de la negociación.

06. REPRESENTATIVIDAD

- Las EMPRESAS se comprometen a reconocer a los SINDICATOS y a las COMISIONES INTERNAS DE FÁBRICA, como interlocutores en el tratamiento de los asuntos laborales.
- Las EMPRESAS reconocen el derecho de los empleados de las diversas Unidades del Grupo Automotriz de la VOLKSWAGEN en el Mercosur, a organizarse sindicalmente y a constituir COMISIONES INTERNAS DE FÁBRICA.

07. SISTEMA DE CAPACITACIÓN PROFESIONAL

- Los programas de capacitación profesional serán homogeneizados entre las diversas unidades de las EMPRESAS, respetándose las particularidades y necesidades técnicas derivadas de los procesos de producción de cada unidad.
- De acuerdo a las necesidades existentes y las posibilidades de implementación, las EMPRESAS elaborarán programas de capacitación profesional tomando en consideración la cooperación, las contribuciones y sugerencias presentadas por los SINDICATOS y las COMISIONES INTERNAS DE FÁBRICA.

- Los entrenamientos, cursos, seminarios, etc., que componen los programas de capacitación profesional en cualquier unidad, serán automáticamente reconocidos por las otras.

08. ADHESIONES AL CONTRATO

09. DISPOSICIONES FINALES

- Las partes se comprometen perfeccionar continuamente este contrato, de forma dinámica y consensuada, incluyendo cuestiones importantes para el permanente diálogo social en el Mercosur.
- Las EMPRESAS facilitarán los medios necesarios para el desarrollo y funcionamiento del contrato aquí establecido.

Por estar las partes en pleno acuerdo con este contrato, suscriben el presente en ocho vías de igual tenor.

São Bernardo do Campo, 16 de abril de 1999

Volkswagen do Brasil Ltda.
Volkswagen de Argentina S.A.
Sindicato dos Metalúrgicos do ABC
Sindicato dos Trabalhadores nas Industrias e Oficinas Metalúrgicas, Mecânicas e de Material Elétrico e Eletrônico, Siderúrgicas e Automobilísicas e de Autopeças de Taubaté. Tremembé e Distritos
Sindicato de Mecánicos y Afines de Transporte Automotor de la República Argentina
Confederação Nacional dos Metalúrgicos da CUT

BIBLIOGRAFÍA

ABREU BONILLA, Sergio. *Mercosur e integración*. Montevideo: FCU, 1991.

AGUIRRE, Rosario; BATTHYANY, Karina. *Trabajo, género y ciudadanía en los países del Cono Sur*. *Montevideo:* Cinterfor/OIT, 2001.

ARMAS BAREA, Calixto y otros. *Mercosur, balance y perspectivas*. Montevideo, 1993.

ARTILES, Antonio Martín y otros. *Relaciones laborales y diálogo social en el cono sur: empleo y competitividad*. Montevideo: UCUDAL. Programa de Modernización de las Relaciones laborales en el Uruguay, 1998.

BARBAGELATA, Héctor-Hugo. *El derecho laboral del Mercosur ampliado*. Montevideo: Facultad de Derecho. Instituto de Derecho del Trabajo y de la Seguridad Social; FCU; Cinterfor/OIT, 2000.

—. *Formación y legislación de trabajo*. *Montevideo:* Cinterfor/OIT, 1996.

BARBAGELATA, Héctor-Hugo; BARRETTO GHIONE, Hugo; HENDERSON, Humberto. *El derecho a la formación profesional y las normas internacionales*. Montevideo: Cinterfor/OIT, 2000.

BARRETTO GHIONE, Hugo. *Diálogo social y formación: una perspectiva desde los países de Mercosur y México*. Montevideo: Cinterfor/OIT, 2001.

Boletín Técnico Interamericano de Formación Profesional: *La participación de la mujer en la formación y el empleo*. Montevideo, Cinterfor/OIT. n. 132-133, jul.-dic. 1995.

Boletín Técnico Interamericano de Formación Profesional: *Trabajo decente y formación profesional*. Montevideo, Cinterfor/OIT. n. 151, 2001.

CAGGIANI, Marcelo; ZUBELDÍA, Gabriela; BLASCO, Miguel. *Aprendizaje y empleo juvenil en Uruguay*. 1998.

CAGNONI, José. *El abogado y el derecho constitucional y administrativo*. *En:* Colegio de Abogados del Uruguay. *El papel del abogado en el MERCOSUR*. Montevideo, 1993.

CINTERFOR/OIT. *Formación, trabajo y conocimiento*. Montevideo, 1999.

Confederación Nacional de Comercio de la República Federativa de Brasil.

Mercosur: foro consultivo económico y social. Río de Janeiro, 2000.

Conferencia Internacional del Trabajo, 89°, Ginebra, 2001. *Reducir el déficit del trabajo decente: un desafío global. Memoria del Director General.* Ginebra: OIT, 2001.

D'REYSIN de KLOR, Adriana. *MERCOSUR: balance y perspectivas. Solución de controversias.* Montevideo, 1996.

Educación Obrera. *El mercado común del sur: MERCOSUR.* Ginebra, OIT. n. 109, oct.-dic. 1997.

ENSIGNIA, Jaime; CASTILLO, Gerardo. *Procesos de integración: los protocolos laborales.* Santiago de Chile: Fundación Friedrich Ebert Stiftung; OIT, 2000.

ERMIDA URIARTE, Oscar. *Mercosur y derecho laboral.* Montevideo: FCU, 1996.

ERMIDA URIARTE, Oscar; BARRETTO GHIONE, Hugo (Coord.) *Formación profesional en la integración regional.* Montevideo: Cinterfor/OIT, 2000.

ERMIDA URIARTE, Oscar; ROSENBAUM RÍMOLO, Jorge. *Formación profesional en la negociación colectiva.* Montevideo: Cinterfor/OIT, 1998.

Evaluación del MERCOSUR. Montevideo: Ministerio de Relaciones Exteriores. Instituto Artigas del Servicio Exterior, 1994.

FERREIRA, María Carmen; RAMOS, Julio. *Las relaciones laborales en el MERCOSUR.* Montevideo: FCU, 1997.

FERREIRA, María Carmen; VERGE, Pierre; VEREA, Mónica; SALA, Tomás. *Dimensión social de la globalización y de los procesos de integración.* Santiago: OIT, 2002.

FLORES POLO, Pedro. *Comentarios* sobre la Memoria del Director General de la OIT sobre Trabajo Decente presentados a la 87ª Conferencia Internacional de Trabajo, 1999.

FONTAINE, Pascal. *Diez lecciones sobre Europa.* Documentación Europea, 1995.

GARMENDIA ARIGÓN, Mario. *Legislación comparada sobre formación profesional: una visión desde los convenios de la OIT.* Montevideo: Cinterfor/OIT, 2000.

Género y competencias laborales. Cooperación binacional Chile-Uruguay. Octubre 2001.

GRAÑA, Gonzalo. *Políticas de empleo, formación y diálogo social.* Montevideo: Cinterfor/OIT, 2002.

GROS ESPIELL, Héctor. *Mercosur: el Tratado de Asunción.* Montevideo: Instituto de Estudios Empresariales, 1991.

—. *La Organización Internacional del Trabajo y los derechos humanos en América Latina.* Buenos Aires: Eudeba, 1986.

MERTENS, Leonard. *Competencia laboral: sistemas, surgimiento y modelos.* Montevideo: Cinterfor/OIT, 1996.

MONNET, Jean. *Un gran proyecto para Europa: documentación europea.* Bruselas, 1993.

MONTERO, Cecilia; MORRIS, Pablo. *El impacto de la globalización en los mercados laborales.* Santiago de Chile: FESUR, 2002.

OIT. *Selección de documentos fundacionales: Mercosur sociolaboral.* Buenos Aires, 1999.

PÉREZ OTERMÍN, Jorge. *El Mercado Común del Sur, desde Asunción a Ouro Preto. Aspectos jurídicos institucionales.* Montevideo: FCU, 1995.

Reunión técnica internacional de especialistas en derecho laboral, Buenos Aires, 2001. *Eficacia jurídica de la Declaración sociolaboral del Mercosur.* Buenos Aires: 2001.

ROSENBAUM RIMOLO, Jorge. *Diálogo social sobre formación en el Uruguay.* Montevideo: Cinterfor/OIT, 2001.

—. *Negociación colectiva sobre formación en el MERCOSUR.* Montevideo: Cinterfor/ OIT, 2000.

Seminario sobre la dimensión social de la integración regional, Montevideo, CEFIR, 1995. *Documentos.*

SERNA, María del Mar; ERMIDA URIARTE, Oscar. *El tripartismo.* Derecho Laboral. Montevideo. v.37, n. 173/174, ene.-jun. 1994.

TOPET, Pablo; BARBOZA, Ramiro; RIVAS, Daniel. *El Convenio 142 en Argentina, Paraguay y Uruguay.* Montevideo: Cinterfor/OIT, 2000.

Publicaciones en revistas

Boletines Oficiales Mercosur. Secretaría Administrativa del Mercosur (SAM).

Revistas de la Judicatura. Montevideo, Asociación de Magistrados del Uruguay. 2000. Artículos de los Dres. Oscar Ermida Uriarte, Héctor Babace, Jorge Bruni y Héctor-Hugo Barbagelata.

Revistas Flash MERCOSUR. Edición Comisec Uruguay. 1997 – 2000.

Artículos

ERMIDA URIARTE, Oscar. *La construcción de una red normativa laboral del MERCOSUR.* Montevideo, 2002.

—. *Formación y relaciones laborales.* Presentado al Seminario sobre Formación Profesional: Fundamento para la Productividad y Competitividad en el nuevo Milenio, Bogotá, 1999.

DUTRA, Guillermo. *La formación profesional en América Latina y el Caribe y sus avances en el enfoque basado en competencias.* 1999.

CAMPERO, Guillermo. *Los procesos de integración: aspectos políticos y laborales.* Brasília, 2002.

500.08.2003

Este libro
se terminó de imprimir en el
Departamento de Publicaciones de Cinterfor/OIT
en Montevideo, julio de 2003

Hecho el depósito legal número 325.485/2003

www.ingramcontent.com/pod-product-compliance
Lightning Source LLC
Chambersburg PA
CBHW060024210326

41520CB00009B/994